LOW COST

Natural Resources in Architecture

© 2019 Instituto Monsa de ediciones.

First edition in 2019 by Monsa Publications,
an imprint of Monsa Publications Gravina 43
(08930) Sant Adrià de Besós. Barcelona (Spain)
T +34 93 381 00 50
www.monsa.com monsa@monsa.com

Editor and Project Director Anna Minguet
Art director & layout Eva Minguet
(Monsa Publications)
Printed by Grupo Grafo

Shop online:
www.monsashop.com

Follow us!
Instagram: @monsapublications
Facebook: @monsashop

ISBN: 978-84-17557-04-1
D.L. B 15921-2019

LOW COST

Natural Resources in Architecture

monsa

INTRO

The ability to stick to a tight budget and excel themselves, even within the established boundaries of a project. The ability to design new homes, with construction costs bordering on or even beneath estimated market values, must to be considered an achievement worthy of even the most astute architect. Funds may well be lacking for costly materials and finishes but there is always room for improvement, in the way simple materials can be transformed into something way beyond the sum of its parts. One objective of this book is to study the budget for each individual project, as far as possible, in terms of construction methods and materials, energy and sustainability factors, in order to carry out a global evaluation. In effect, a means of evaluating interesting sources of information relevant to the quality of life, the economy, eco-system and other minor considerations.

Although climates and surrounding topography may vary, each of the projects featured share a common theme: the design of affordable homes on a restricted budget. Whether partially or totally prefabricated, all of the designs illustrate the inherent capacity of many architects to design properties which are more appealing and intelligent, sustainable, economical, with low maintenance costs and reduced energy consumption and, it goes without saying, more agreeable living accommodation. All of this demonstrates the determination to create something unique within a very tight budget.

Sustainability is not merely another element of construction but also a more efficient method of reducing the costs of maintenance, environmental impact, medium or long term, plus the everyday costs of running a home. The majority of properties featured in this book are designed to make the most of the orientation, the use of high performance, low cost-maintenance materials and maximise cross-ventilation for passive cooling to create a healthier environment, without the need for air-conditioning. A consideration in the design of sustainable, low cost housing.

Diseñar nuevas viviendas con un coste de construcción que roza o está por debajo de los precios teóricos de mercado puede llegar a ser una hazaña digna del más sagaz arquitecto. No siempre habrá suficientes fondos para materiales y acabados caros, pero siempre habrá espacio para la generosidad en la forma en que los materiales sencillos pueden transformarse en algo que es considerablemente mayor que la suma de sus partes. Una de las premisas de este libro es considerar el presupuesto de cada proyecto, los materiales utilizados, los sistemas constructivos y las consideraciones energéticas y de sostenibilidad para así poder realizar una valoración global. Es un método de ensayo que proporciona datos interesantes referentes a la calidad de vida, la economía, el entorno, la ecología y otras consideraciones menores. Y aunque pueden variar en el clima y la topografía circundante, los proyectos presentados comparten un tema común: el diseño de viviendas con un presupuesto ajustado, viviendas asequibles. Ya sean casas prefabricadas total o parcialmente, estos diseños demuestran la capacidad innata de muchos arquitectos para proyectar casas más interesantes e inteligentes, sostenibles, económicas, de bajo mantenimiento y consumo energético y, por supuesto, más agradables para vivir. Todas ellas muestran el resultado del deseo de crear algo único dentro de un presupuesto muy ajustado.

La sostenibilidad no es solamente una característica más de la construcción, en este caso es también un método muy eficaz para reducir el coste del mantenimiento y del impacto ambiental a medio y largo plazo y los gastos del funcionamiento diario del hogar. La mayoría de las casas presentadas en este libro están diseñadas para aprovechar la orientación, incorporar materiales de alto rendimiento y bajo coste-mantenimiento y maximizar la ventilación cruzada pasiva, que proporciona un entorno más saludable y elimina la necesidad del aire acondicionado. A tener en cuenta en el diseño de casas sostenibles de bajo costo.

INDEX

CHRIST-OLLEFS HOUSE

Architect Augustin und Frank Architekten **Photographers** © Werner Huthmacher
Location Berlin, Germany

A budget determined by its low cost was decisive for building this studio house. The conditions in which this dwelling is located suggest the partition of the design into two spaces: one of the two levels to house the dwelling and the office, and the other level, the music studio. With regard to materials, wood is the predominant material in the entire studio dwelling and was worked into simple construction systems such as, for example, wooden frames with simple enclosures of one or two levels. This allowed the main work to be carried out in just two weeks and, as a result, costs were reduced.

Un presupuesto determinado por su bajo coste era decisivo para construir esta casa estudio.
Las condiciones en las que se emplaza esta vivienda sugieren la partición del programa en dos volúmenes: uno de dos niveles albergaba la vivienda y el despacho, y el otro, de un sólo nivel, el estudio de música. Respecto a los materiales, la madera es la que predomina en toda la vivienda estudio y fue trabajada con sencillos sistemas constructivos como, por ejemplo, los marcos de madera con cerramientos simples de uno o dos niveles. Esto permitió que los trabajos principales se ejecutaran en tan sólo dos semanas y, en consecuencia, se redujeran los gastos.

Located on the outskirts of Berlin, this final construction maintains the original attractive conditions of the site: a diffuse vegetation of trees and pines.

Ubicada en las afueras de Berlín, la construcción final mantiene las atractivas condiciones originales del solar: una difusa vegetación de árboles y pinos.

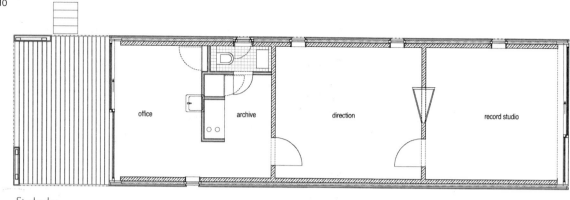

Study plan

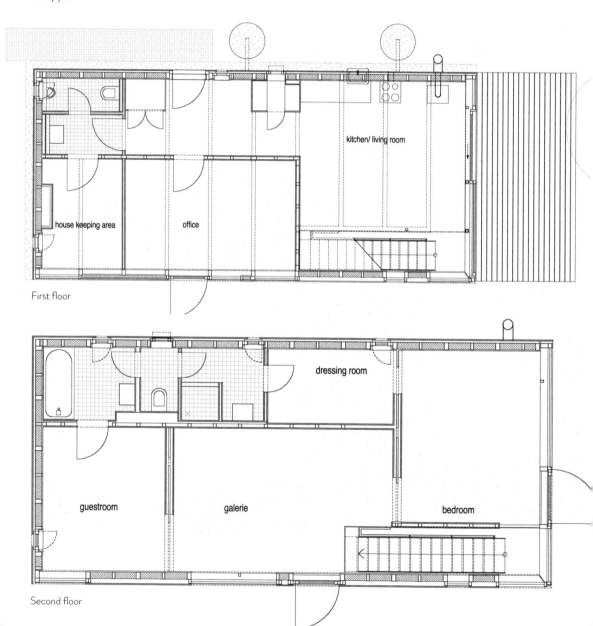

First floor

Second floor

In this living space, a construction system was used based on wooden frames that support enclosures of one or two levels. This design speeded up the building of the structure considerably.

En el volumen de la vivienda se utilizó un sistema constructivo basado en marcos de madera que soportan los cerramientos de uno o dos niveles. Esta propuesta agilizó considerablemente la ejecución de obra.

SUMMER HOUSE

Architect Carl Vigo Hølmebakk **Photographers** © Peter Kerze
Location Northwoods, Minnesota, USA

Through its simple structure, this summer house exhibits an atmosphere of silence and seclusion that is perceived in the hills of southern Norway. This is an architectural object that is delicately situated in the landscape, respecting each element of the landscape and, most interestingly, integrating each within the project itself.

Esta casa de verano muestra, a través de su sencilla estructura, el ambiente de quietud y recogimiento que se percibe en las colinas del sur de Noruega. Se trata de un objeto arquitectónico que se implanta en el paisaje de modo delicado respetando cada elemento del paisaje y, lo más interesante, integrando cada uno dentro del mismo proyecto.

The foundation of the house is an adjustable pattern of concrete pillars determined by the dimensions of the main wooden beams. Each pillar can be moved in one direction or another in order to avoid interfering with the root system of one of the pines trees. More than thirty pillars were placed in the subsoil without having to cut a single root.

El cimiento de la casa es un patrón ajustable de pilares de hormigón determinado por las dimensiones de las principales vigas de madera. Cada pilar podía ser desplazado en una u otra dirección con el fin de evitar interferir con el sistema de raíces de alguno de los pinos. Más de treinta pilares fueron construidos en el subsuelo y en ningún caso se cortó raíz alguna.

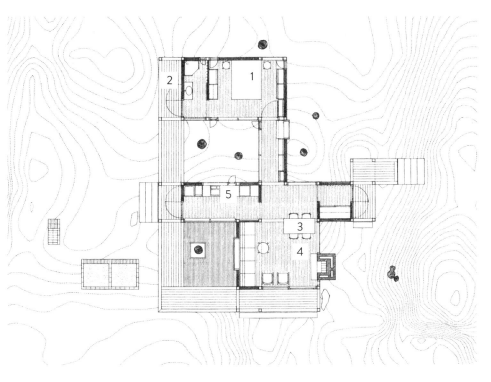

1. Bedroom
2. Bathroom
3. Dining room
4. Living room
5. Kitchen

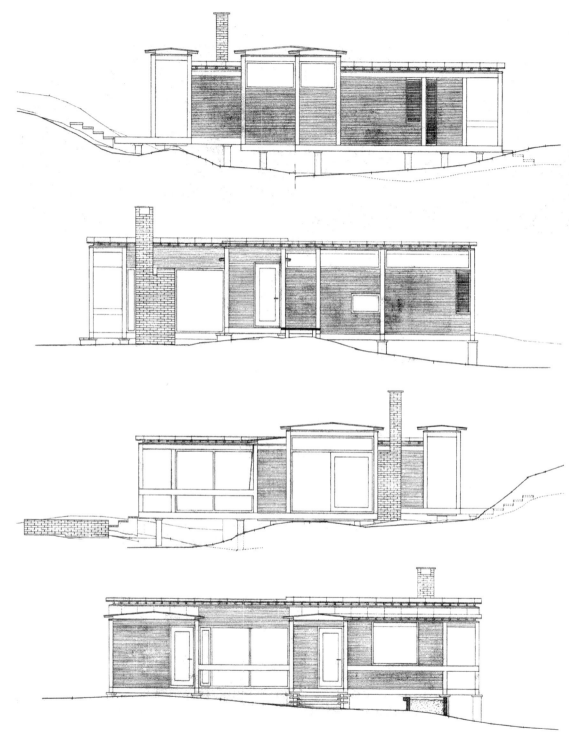

The elevations show the subtle placement of the house in the rocky landscape.
The unevenness of the terrain was avoided, and a flat platform supported by wooden pillars was built.

Los alzados muestran la sutil implantación de la casa en el paisaje rocoso.
Se obviaron los desniveles del terreno y se construyó una plataforma plana sostenida por pilares de madera

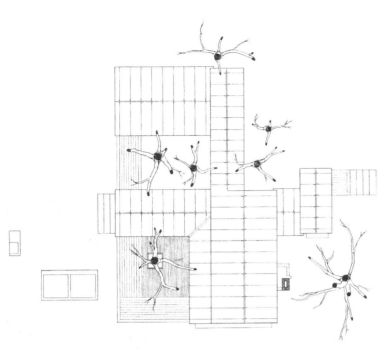

Floor plan

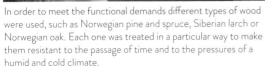

In order to meet the functional demands different types of wood were used, such as Norwegian pine and spruce, Siberian larch or Norwegian oak. Each one was treated in a particular way to make them resistant to the passage of time and to the pressures of a humid and cold climate.

Para suplir las demandas funcionales se emplearon diferentes tipos de madera como pino y pícea noruegos, alerce de Siberia o roble noruego. Cada una fue tratada de modo particular para hacerlas resistentes al paso del tiempo y a las presiones de un clima húmedo y frío.

HOUSE IN ASSERBO

Architects Christensen & Co Arkitekter **Photographers** Adan Mørk
Location Asserbo, Denmark

This enormous plot of land is located in the woods between the coastline and Lake Arresø on the northern side of the island of Zeeland. The dense undergrowth was thoroughly cleared, leaving the towering trees to provide shade and give the area a palpable sense of depth. In this way, the small pavilion clings to this artificial vacuum created by the architects in a certain ensemble, becoming an indivisible part of the surrounding area.
The building is essentially a succession of wood panels that rise up from the grass. This arrangement in series folds over and around the interior rooms, turning its back on the forested north side and finishing off at the roof in an enormous overhang which extends out over the terrace. The folding generated by the facades and roof evokes the letter C at a cross section and creates a simple yet forceful frame around the interior, an area which is no more than an obligatory transition to the night time areas running transparently behind the terrace; it is a space emphasized by great sliding doors which clearly separate inside and out.

El enorme emplazamiento se localiza en los bosques entre la línea de costa y el lago Arresø, en la parte Norte de la isla de Zealand. Se realizó una limpieza de la densa vegetación dejando unos árboles para proporcionar la sombra y dotar a la zona de un aparente sentido de la profundidad. De esta manera, el pequeño pabellón se enroca en el vacío artificial creado por los arquitectos a modo de ensamblado y se convierte en parte indivisible del entorno. El edificio es, en esencia, una sucesión de paneles de madera que se elevan sobre la hierba. Esta seriación se pliega sobre y alrededor del espacio interior dando la espalda al boscoso Norte y acabando el techo en un enorme voladizo que se prolonga por encima de la terraza. El pliegue generado por las fachadas y la cubierta, una evocación de la letra C en sección, crea un marco simple y rotundo alrededor del espacio interior, un área que no es más que una transición obligada hacia las zonas de noche y que transcurre transparente tras la terraza; un espacio enfatizado con grandes puertas correderas que aparentemente separan el interior del exterior.

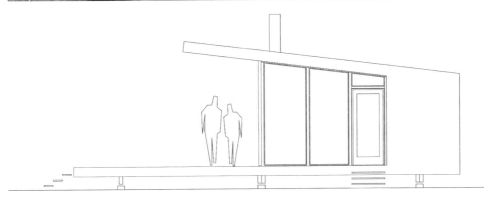

West elevation

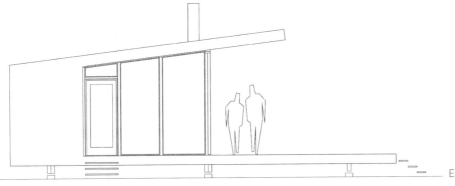

East elevation

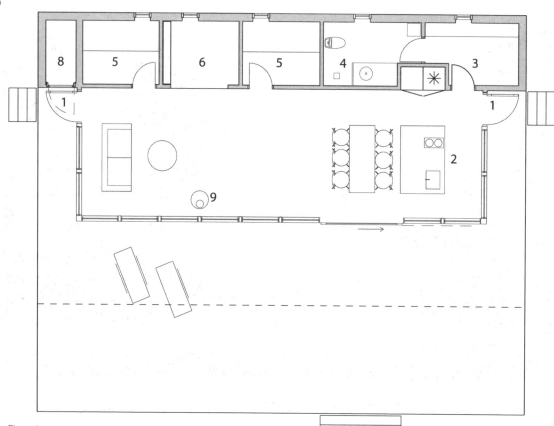

Floor plan

1. Entrance
2. Kitchen
3. Wardrobe
4. Bathroom
5. Bedroom
6. Storage
7. Living room
8. Tool shed
9. Fireplace

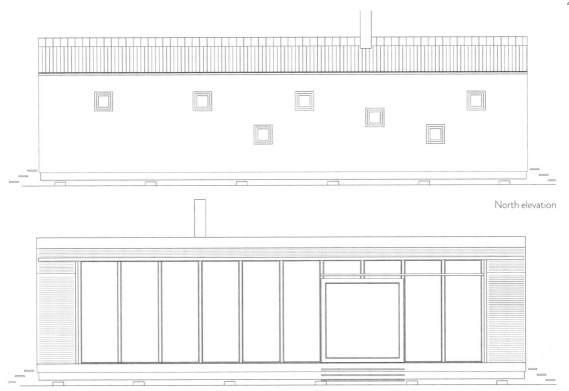

North elevation

South elevation

ARROWLEAF HOUSE

Architect James Cutler **Photographers** © Art Grice **Location** Washington, USA

This project is more than a house. It is a small refuge in the mountains of northern Washington State, in the United States. The building is suspended above the ground by 10 reinforced concrete pillars. This structure allows for the continuity of the land, which is minimally affected, and at the same time serves to level the ground of the building with respect to the slope of the hill. The wood cladding is carefully crafted from thin slats that integrate onto the structure to form a delicate texture. This wrapping is diminished on the north façade: the wood is replaced by glass and we find large windows that allow a direct communication between the interior space, the terrace and the forest.

Este proyecto, más que una casa, es un pequeño refugio en las montañas del norte del estado de Washington, Estados Unidos. El edificio está suspendido por encima del suelo gracias a 10 pilares de hormigón armado. Esta estructura permite la continuidad del terreno, que queda afectado mínimamente con esta intervención, y al mismo tiempo sirve para nivelar el suelo del edificio con respecto a la inclinación de la colina. El revestimiento de madera está cuidadosamente elaborado a partir de listones delgados que se integran en la estructura formando una delicada textura. Este envoltorio se va diluyendo en la fachada norte, la madera es reemplazada por el vidrio y nos encontramos con amplios ventanales que permiten una comunicación directa entre el espacio interior, la terraza y el bosque.

With this project, the intention of the architect was to honor each material used in its construction, so that it would speak for itself and enrich the experience of those who inhabit. The result is a space that, far from falling into formal excess, offers warm rooms with elementary lines where it is very easy to find the sensation you were looking for: that of a refuge.

Con este proyecto, la intención del arquitecto era honrar cada material utilizado en la construcción, para que hablara por sí mismo y enriqueciera la experiencia de los que la habitan a partir de la comprensión de cada rincón. El resultado es un espacio que, lejos de caer en el exceso formal, ofrece cálidas estancias de líneas elementales en donde es muy fácil encontrar la sensación que se buscaba: la de un refugio.

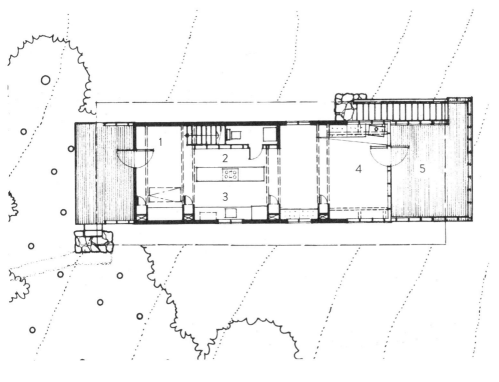

1. Entry
2. Lobby
3. Kitchen
4. Living room
5. Terrace

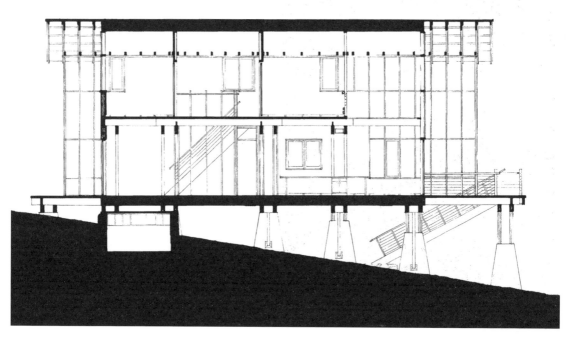

Longitudinal section

In spite of being a continuous space, each corner has its own character thanks to the use of materials, arrangement of the furniture, or the perception from the ground and upper floors.

A pesar de tratarse de un espacio continuo, cada rincón tiene un carácter propio gracias a la utilización de los materiales, la disposición del mobiliario o la percepción desde las plantas baja y alta.

HAUS XXS

Architects Caramel Architekten **Photographers** Caramel Architekten
Location Linz, AUS

Caramel puts forth a solution to a dwelling which officially functions as an extension of an existing residence but can function perfectly as a separate unit to match the client requirements: a space for a mother and her children located in the partially forested area next to their grandparents' house. In this way, the ìunitì incorporates all the elements allowing it to function as a separate entity: kitchen, bathroom, heating and hot running water.

On the other hand, the factors limiting the scope of the project can be found in a lack of available construction space and the need for cost reduction. This was faced by changes in the duration of construction and through a matrix using modular building techniques, which arose from standard plywood dimensions. This building method denotes a certain amount of sensitivity towards the client's interests that also sought a starting point coherent with the concerns of the architects.

Caramel plantea una solución de vivienda que oficialmente funciona como una extensión de una residencia existente pero que perfectamente puede funcionar como un elemento autónomo y servir a los requerimientos del cliente: un espacio para una madre y sus hijos situado en una zona parcialmente boscosa junto a la casa de los abuelos. De este modo, la "unidad" incorpora todos los elementos que le permiten funcionar como un ente emancipado: cocina, baño, calefacción y agua caliente sanitaria. Por el contrario, los factores que han limitado la magnitud del proyecto hay que buscarlos en el espacio disponible para la construcción y en la reducción de costes a través del reajuste de la duración de la obra o de la utilización de un módulo base de trabajo en matriz que ha venido servido por las dimensiones est·ndar de los paneles aglomerados de madera. Esta manera de trabajar denota una sensibilidad especial hacia los intereses del cliente a la par que se investiga un punto de partida coherente con las inquietudes de los arquitectos.

Site map

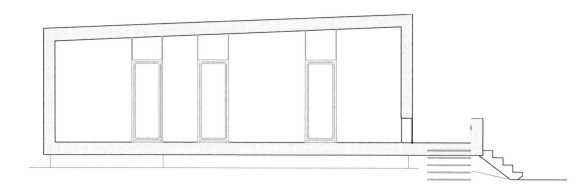

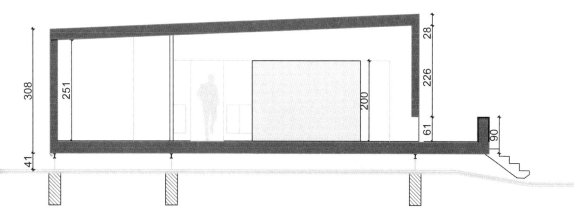

Elevation and section

The dwelling plan was based on light construction established over a wood panel matrix combined with an efficient heat insulation system and a metal mesh structure. The exterior skin was finished with lemon-colored fiberglass panels reinforced by PVC membranes.

La vivienda se planifica en base a una construcción ligera establecida sobre una matriz a base de paneles de madera combinados con un eficiente sistema de aislamiento térmico y una malla de estructura metálica, finalizando la piel exterior mediante paneles de tonalidad limón de fibra de vidrio reforzada con membranas de PVC.

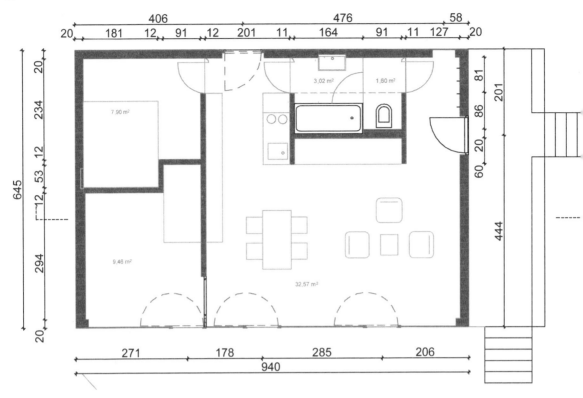

Floor plan

The yellowish green color of the exterior structure is maintained in the bathroom of the house.

El color verde amarillento de la estructura exterior se mantiene en el cuarto de baño de la casa.

15 FISCAVAIG

Architects Rural Design **Photographers** Alan Dickson
Location Carbots, Skye, Scotland

This small holiday house, located in the township of Fiscavaig on the western side of the Isle of Skye, deliberately eschews convention due to its unusual site. Indeed on first visiting the site it was difficult to see how any proposal could succeed if it disrupted a landscape that did not lend itself to intervention. The decision to lift the building off the ground on small piloti released the design from convention and allowed it to relate to the wider context - the views to the north and the sun from the south. The form of the house deliberately narrows to the north, reducing its surface area, and leans into the weather. The entrance bridge lifts one off the landscape and immediately upon entering one is connected with the view through the fully-glazed elevation to the north. The other windows are secondary and draw light into the two storey volume. Simple timber construction reinforces the character of the house as a visitor in the ancient landscape.

Esta pequeña casa de vacaciones, situada en el pueblo de Fiscavaig, en el lado oeste de la Isla de Skye, evita a propósito los elementos convencionales debido a las características inusuales del emplazamiento. Efectivamente, cuando se visita el sitio por primera vez es difícil imaginar que una propuesta que pretende alterar un paisaje que no se presta a la intervención pueda salir airosa. La decisión de elevar el edificio del suelo con un pequeño pilón permitía alejar el diseño de lo convencional y asociarlo al contexto más amplio: las vistas al norte y el sol del sur. La forma de la casa se hace más estrecha hacia el norte deliberadamente, reduciendo su superficie, y queda expuesta a las inclemencias del tiempo. El puente de entrada te eleva por encima del paisaje e inmediatamente después de entrar en él te conecta con las vistas a través de la elevación totalmente vidriada hacia el norte. Las otras ventanas son secundarias y traen luz al volumen de dos pisos. La construcción simple de madera refuerza el carácter de la casa como visitante del paisaje antiguo.

Site plan

Site plan

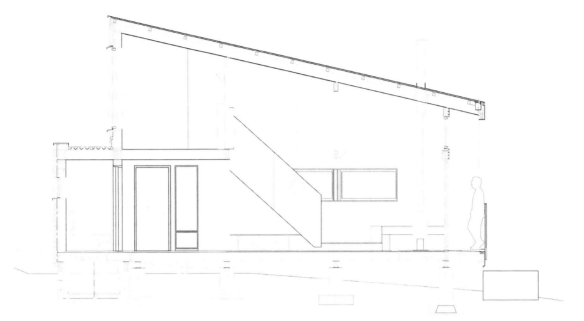

Section

The sustainable house fits perfectly into the landscape almost untouched by the Isle of Skye.

La casa sostenible se integra perfectamente en el paisaje casi virgen de la isla de Skye.

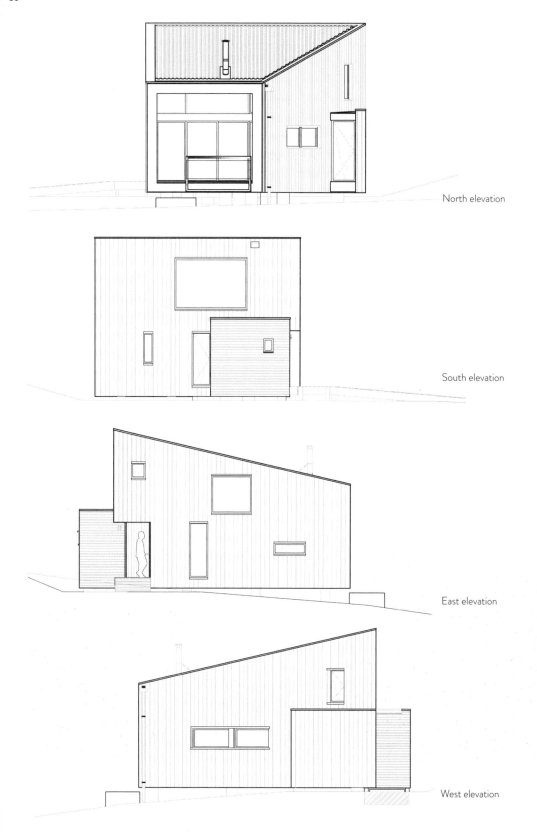

North elevation

South elevation

East elevation

West elevation

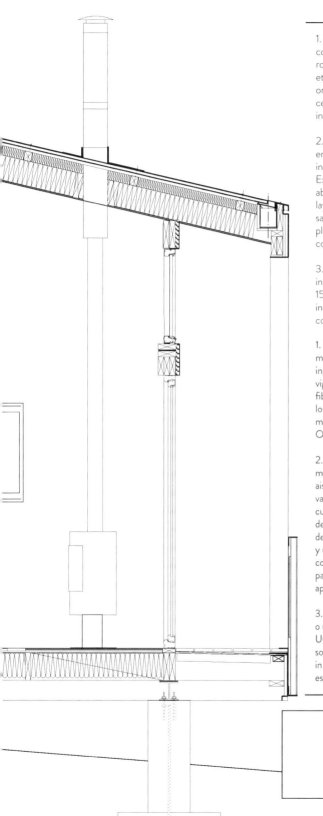

1. Roof construction: Timber frame unventilated roof construction to engineer's specification incorporating rockwool insulation between rafters and purlins. Profile 3 eternit fibre cement roof sheeting on breather membrane on sarking boards on 75x63 mm purlins @ 900mm max centres (see draeing 5727/03A) on rafters with 13mm osb internal sheating on flitch beams to engineer's specification

2. Wall construction: Timber frame wall construction to engineer's specification incorporating 200mm rockwool insulation to achieve minimum U-value of 0.16W/m2K. External walls to main body of house to be timber frame as above with untreated native-grown larch comprising inner layer 75x25mm sawn boards and outer layer 150x25mm sawn boards on 50x50mm counterbattens on sheathing ply. Cavities to be provided with cavity barriers at all corners, openings and the head of all walls.

3. Substructure: 200mm Celotex XR3000 or e+a insulation and non-permeable membrabe strip laid on. 152x152x23 UC on alkali resistant mastic bolted to 350mm in-situ reinforced concrete pillars on 800x800x225 concrete footing as per engineer's specification.

1. Detalle constructivo Cubierta: Estructura de marcos de madera, cubierta no ventilada según especificaciones del ingeniero, incorporando aislamiento de lana de roca entre vigas y travesaños. Cobertura de cubierta con 3 láminas de fibra de cemento eternit sobre la membrana de respiro, en los paneles de apoyo y travesaños de 75x63 mm (centrados máximo cada 900 mm.) en vigas con 13 mm internos de OSB en las vigas, según la especificación del ingeniero.

2. Detalle constructivo Fachada: Estructura de marcos de madera, según especificaciones del ingeniero, incorporando aislamiento de lana de roca de 200 mm para conseguir un valor mínimo de U de 0.16W/m2K. Los muros externos al cuerpo principal de la vivienda son marcos de madera (ver detalle) con una capa interior de 75x25 mm de madera de alerce cultivado al natural, sin tratar y bordes serrados; y una capa externa de 150x25 mm de bordes serrados en contralistones de 50x50 mm como revestimiento. Cavidades para ser provistas de barreras de huecos en todas las esquinas, aperturas y la cabeza de todos los muros.

3. Subestructura: Capa de 200 mm, de Celotex XR3000 o un aislamiento en tira con membrana impermeable. Perfil UC 152x152x23 sobre masilla resistente al álcali echada sobre pilares de hormigón armado de 350 mm reforzados in situ sobre losa de hormigón de 800x800x225 según la especificación del ingeniero.

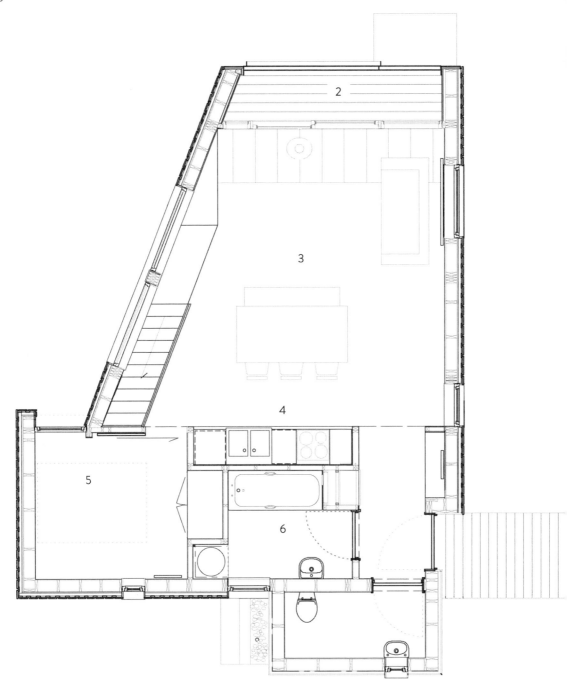

Ground floor plan

1. Entrance ramp
2. Deck
3. Living/dining area
4. Kitchen area
5. Bedroom
6. Bathroom

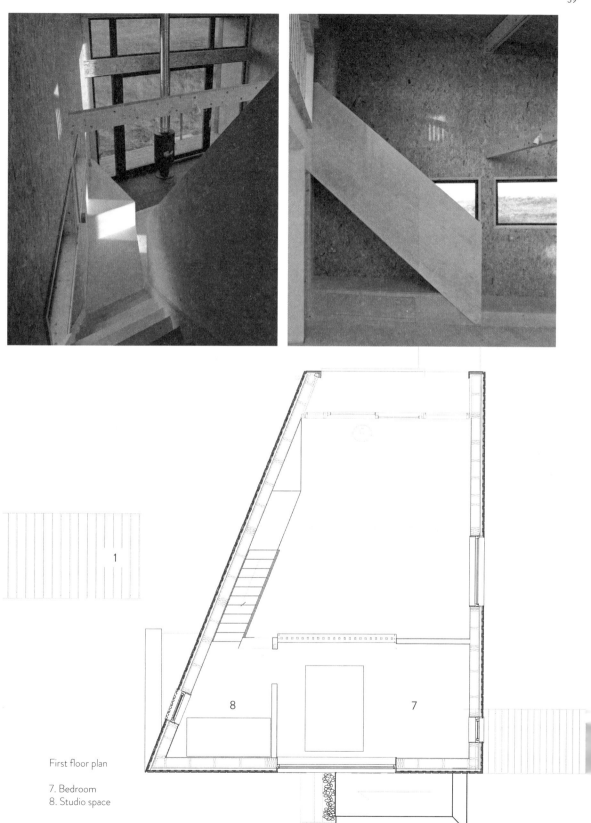

First floor plan

7. Bedroom
8. Studio space

VILLA MARÍA

Architect Seth Stein Architects **Photographers** © Richard Davies
Location Osterskorvon, Finland

The construction of this house is marked by the particular conditions of the area. The house is located on a small island in the Finnish archipelago, 80 km from the capital. This island, almost uninhabited, has no infrastructure, which requires an approach to the project with an important commitment to construction and energy, closely linked to the budget for both the execution of the structure and the sustainability of the house once inhabited.

La construcción de esta vivienda viene marcada por las particulares condiciones del lugar. La casa se ubica en una pequeña isla del archipiélago finlandés, a 80 km de la capital. Esta isla, casi deshabitada, no cuenta con infraestructuras, lo que obliga un acercamiento al proyecto desde un importante compromiso constructivo y energético, estrechamente ligados con el presupuesto tanto de ejecución de obra como de sostenibilidad de la vivienda una vez habitada.

A delicate glass and wood construction is formally, yet subtly, integrated into the vegetation of the site. The possibility of constructing prefabricated parts outside the island is being studied in order to assemble them on site. In this way, the quality and time needed for construction are precisely controlled, and this makes it possible to lower housing costs. The use of solar panels and wind power to generate energy for the house is proposed. This allows for self-sufficient energy production.

Formalmente, una delicada construcción de cristal y madera se integra con sutileza en la vegetación del lugar. Por un lado, se estudia la posibilidad de construir piezas prefabricadas fuera de la isla, para ensamblarlas luego en el lugar. De esta manera se controla exactamente la calidad y el tiempo de construcción, y ello permite bajar los costos de la vivienda. Por otro lado, se propone el aprovechamiento de la fuerza solar y eólica del lugar para generar energía en la casa. Con esta decisión se permite una construcción "autosuficiente" desde el punto de vista energético.

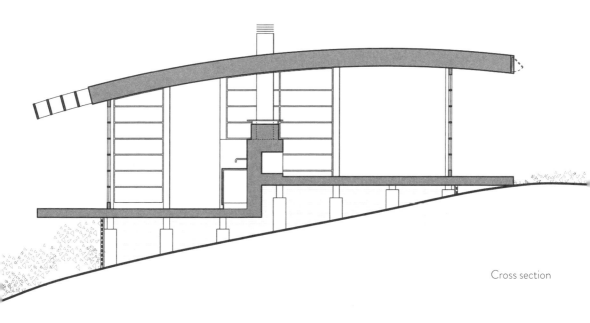

Cross section

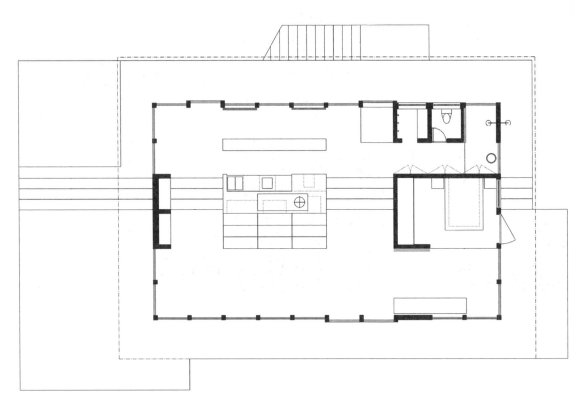

Ground floor

The structure of the house is based on the standard measurements of solar panels. A delicate curved roof contains the 12 panels necessary for the operation of the house.

La estructura de la casa se basa en las medidas estándar de los paneles fotovoltaicos. Una delicada cubierta curva, contiene los 12 paneles necesarios para el funcionamiento de la vivienda.

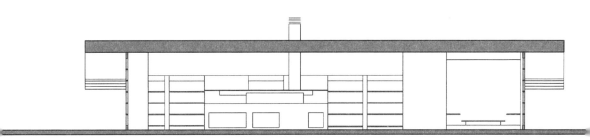

Cross section

GRO-ENSSERE HOUSE

Architect Architekten Loosen & Rüschoff + Winkler
Photographers © Oliver Heissner / artur **Location** Hamburg, Germany

This project consists of the extension and remodeling of an old parking lot. Taking advantage of the existing structure, a ground floor is proposed as a pedestal, upon which three rooms are located, and on which the prefabricated wood workshop is built. In addition to the obvious constructive advantages derived from the prefabricated system, its use considerably reduced the costs in the execution of the structure. After obtaining the appropriate elements for the construction, the costs were reduced thanks to mass production and the use of wood, a material that decisively reflects the image of this gathering space among the vegetation of the place.

Este proyecto consiste en la ampliación y remodelación de un antiguo aparcamiento. Aprovechando la estructura existente, se plantea una planta baja como pedestal, en la que se ubican tres habitaciones, y sobre el que se construye el taller de madera prefabricada. Además de las evidentes ventajas constructivas que se desprenden del sistema prefabricado, su utilización redujo considerablemente los costes en la ejecución de la obra. Tras conseguir los elementos adecuados para la construcción, los costes se redujeron gracias a la producción en serie y a la utilización de la madera, material que marca de manera determinante la imagen de este espacio de recogimiento entre la vegetación del lugar.

The simplicity of the entire project is clearly reflected in the planimetry that is developed, even with the proposed extension, within the limits of the geometry of the square.

La sencillez de todo el proyecto se refleja claramente en la planimetría que se desarrolla, aun con la propuesta de ampliación, dentro de los límites de la geometría del cuadrado.

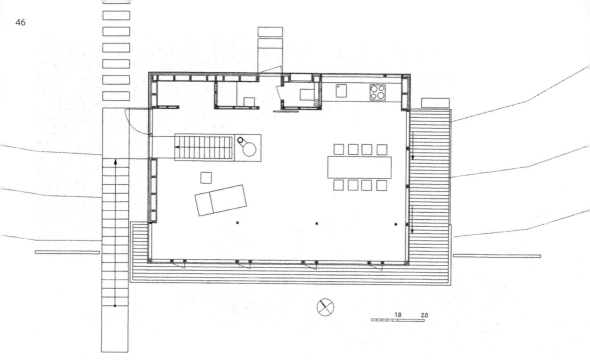

Ground floor

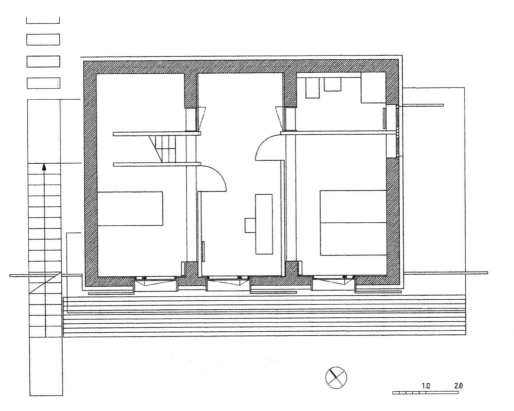

First floor

The wooden "brise-soleil" features provide the formal image of the house. These elements, produced in series for the job, were proposed as a visual screen towards the interior, but at the same time they allow one to contemplate the exterior landscape.

Los "brise-soleil" de madera dan la imagen formal de la casa. Estos elementos, producidos en serie para la obra, fueron planteados como tamiz visual hacia el interior, pero que permiten a la vez contemplar el paisaje exterior.

ARKETORP HOUSE

Architect Erik Ståhl **Collaborators:** Erik Persson & Rolf Almqvist
Photographers © Jan Erik Ejenstam y Erik Ståhl
Location Jönköping, Sweden

This Swedish designer bases his design strategy on the skillful relationship of functions and paths, materials and their textures, spaces and light. These parameters, suitably incorporated into the particular environment of each project, allow for structures that seek to be immortal, both functionally and aesthetically. The building is adjusted at all times to the architect's exquisite sensitivity toward nature. In accordance with this inclination, an intense relationship was sought between the exterior and the interior.

Este diseñador sueco basa su estrategia de diseño en la hábil relación de las funciones y los recorridos, los materiales y sus texturas, los espacios y la luz. Estos parámetros, incorporados adecuadamente en el entorno particular de cada proyecto, conforman obras que pretenden ser inmortales, de manera funcional y también estética. La edificación se ajusta en todo momento a la exquisita sensibilidad del arquitecto por la naturaleza. Acorde con esta inclinación, se buscó una relación intensa entre el exterior y el interior.

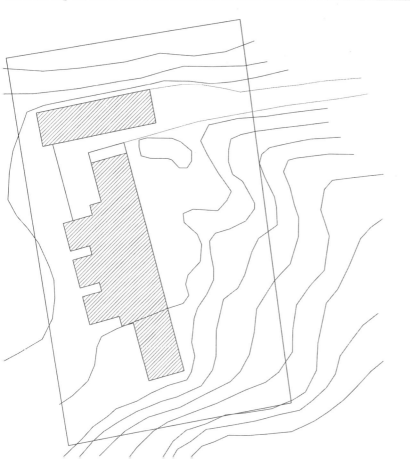

Site plan

Around the house different types of paving materials were arranged that sometimes function as an intersection between the vegetation and the building.
The unevenness of the terrain was bridged by solid steps of exposed concrete.

En torno a la casa se dispusieron distintos pavimentos que funcionan a veces como intersección entre la vegetación y el edificio.
Los desniveles del terreno se salvaron mediante peldaños macizos de hormigón visto.

The house was organized around a central corridor from where two small corridors communicate all the rooms of the house. This system of passageways allows for multiple connections and creates numerous meeting spaces.
The natural light and the choice of materials extol the idea of the project as a home immersed in nature.

La vivienda se organizó en torno a un pasillo central desde donde salen dos pequeños corredores que comunican todas las estancias de la vivienda. Este sistema de pasajes permite múltiples conexiones y crea numerosos espacios de encuentro.
La luz natural y la elección de los materiales ensalzan la idea del proyecto como un hogar inmerso en la naturaleza.

52

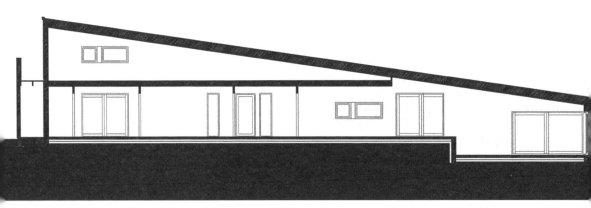

Longitudinal section

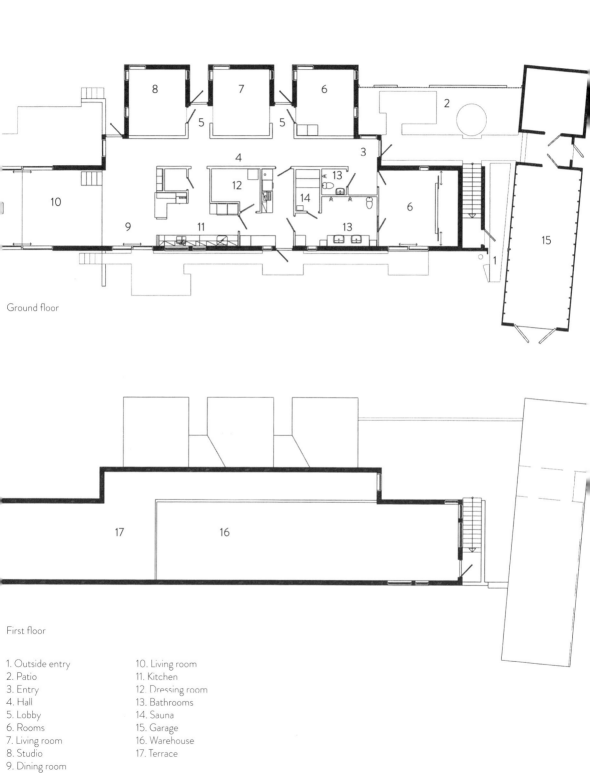

Ground floor

First floor

1. Outside entry
2. Patio
3. Entry
4. Hall
5. Lobby
6. Rooms
7. Living room
8. Studio
9. Dining room

10. Living room
11. Kitchen
12. Dressing room
13. Bathrooms
14. Sauna
15. Garage
16. Warehouse
17. Terrace

MINI HOUSE ONE+

Architects Add-a-room **Photographers** © Matti Marttinen
Location Stockolm, Sweden

Based on 15 square meter modules, the house is designed for those needing extra space on their lot, either as a small summerhouse or as an addition to an existing house. ONE+ can be positioned in various ways in conjunction with other ONE+ units for a variety of building designs, just like playing with Lego pieces. So, the houses can be linked together and grow as needed. "You only buy what you need. If the family grow after some years you just add on more modules", said Danish architect Lars Frank Nielsen.

Dispuesta en módulos de 15 metros cuadrados, la casa está diseñada para los que necesitan un espacio adicional en su terreno, ya sea como una pequeña casa de verano o como ampliación de una vivienda ya existente. One+ puede colocarse de distintas maneras junto con otras unidades para crear una variedad de diseños de construcción, como si se jugara con piezas Lego. De este modo, las casas pueden unirse y crecer en tamaño según se desee. "Sólo compras lo que necesitas. Si, después de unos años, la familia crece, simplemente añades unos módulos más", dice el arquitecto danés Lars Frank Nielsen.

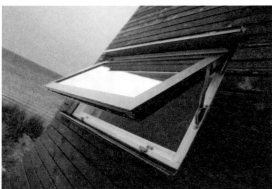

The houses are built with solid Scandinavian materials that require minimal maintenance and all units come with electricity and plumbing ready to go as well as the veranda and pergola.

Las casas se han construido con sólidos materiales escandinavos que requieren un mantenimiento mínimo y todas las unidades vienen con electricidad y un sistema de cañerías listos para ser utilizados, así como un porche y una pérgola.

The sauna for multiple use. The sauna module is 3x2,4 meters and is possible to connect to the ONE+ house, use as a sauna or as an extra room. Another alternative is to put it on a fleet and use it as a sauna raft instead.

La sauna para diferentes usos. El módulo de la sauna mide 3x2,4 metros y se puede conectar a la casa One+ como sauna o como habitación extra. Otra opción es ponerla sobre una balsa y utilizarla como sauna flotante.

Sauna module

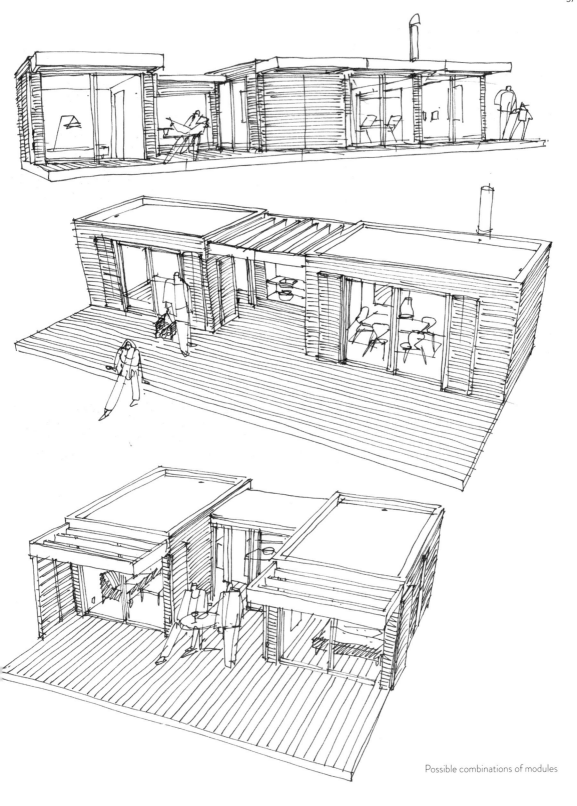

Possible combinations of modules

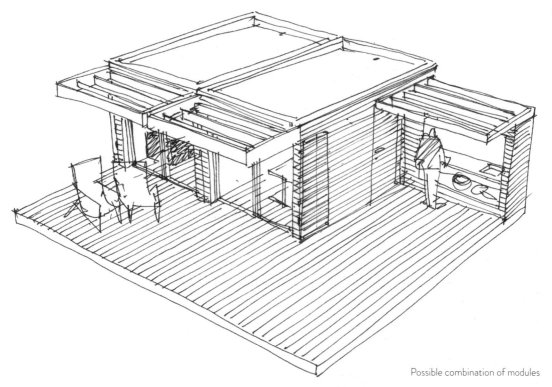

Possible combination of modules

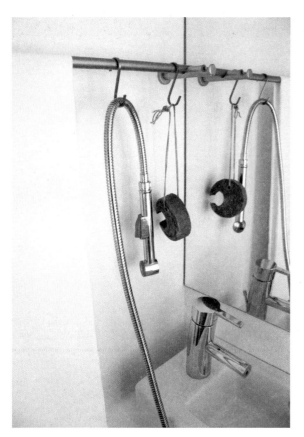

The basic ONE+ module is 15 sq meters with the possibility of a kitchen and/or bathroom, and also could be expanded with a sauna. ONE+ can, now or in the future, be linked together with other ONE+ modules, and this can be done in many different ways to create a variety of designs and to meet different needs.

El módulo básico One+ tiene 15 metros cuadrados y ofrece la posibilidad de añadir una cocina y/o un baño, que también puede ampliarse con una sauna. Siempre que se desee, One+ puede unirse con otros módulos de muchas maneras distintas para crear una variedad de diseños y satisfacer las distintas necesidades.

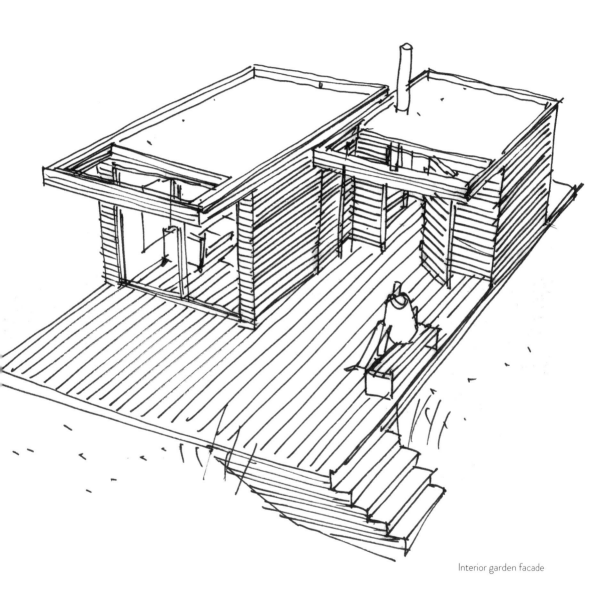

Interior garden facade

CALERO HOUSE

Architects Pablo Pérez Palacios & Alfonso de la Concha Rojas
(DCPP Arquitectos) **Photographers** © Onnis Luque
Location San Angel, Mexico

The construction site incorporated a brick and tile structure, taken into account and put to good use within the project. The objective behind the project was to come up with something new, using the least possible materials, as few different elements as possible and at minimum cost.

The foundation for the project was based on using reusable materials for the main architectural construction, in this case roof timber, specifically Polín. Any unused material is then treated and reused in the new construction without being modified. The key to the project stemmed from making use of discarded construction materials to build a habitable structure. In effect, the main construction materials turned out to be leftover materials.

El terreno ya contaba con una pequeña construcción a base de ladrillos y teja, la cual debía respetarse. La nueva propuesta debía solventarse con el menor costo, el mínimo de materiales y la menor cantidad de elementos.

Este proyecto se concibió bajo la premisa de reutilizar los elementos necesarios para materializar una obra arquitectónica, siendo en este caso la madera de cimbra; en específico el Polín. El material que es residuo de obra se convierte en la obra misma y es tratado y utilizado con honestidad, se reutiliza no se modifica solo cambia su estado. El proyecto se resolvió partiendo del material de desperdicio de una obra para crear un espacio habitable. Los materiales sobrantes se convierten en los elementos principales para la construcción.

Section A

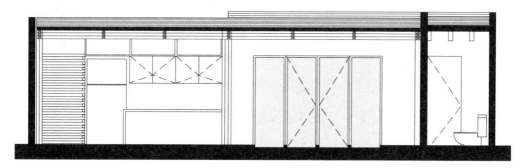

Section B

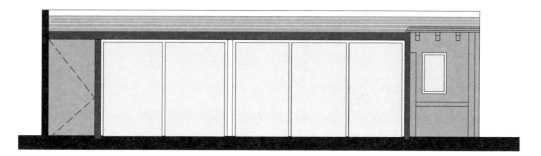

Section C

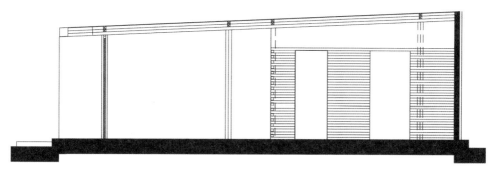

Section D

The leftover timber from the rafters used in other constructions, in Calero, became a central theme in both structural and aesthetic terms; floors, walls, structural supports, rafters and lattice structures. The roof consists of lightweight, economical multipanel laminate panels with the benefit of thermal and acoustic insulation by using 2" cardboard tubing, waste from a fabric shop, to create an air chamber.

La madera que fue utilizada como cimbra para otras obras, en Calero ocupa un lugar central en términos estéticos y estructurales; convirtiéndose en piso, pared, columna, viga y celosía. Para el techo se utilizó lámina multipanel por su carácter ligero y económico. Sin embargo se mejoró su funcionamiento colocando tubos de cartón (de 2") obtenidos como sobrantes en una tienda de telas como aislante térmico y acústico formando una cámara de aire.

DCPP arquitectos decided to use a construction method without using concrete, making the most possible in workshops and assembling in situ, with the purpose of reducing costs. All of this resulted in a construction with a cost of approximately 25% of a conventional construction.

DCPP arquitectos optó por utilizar un método de construcción en seco, sin utilizar hormigón, realizando en los talleres y ensamblando en obra con el fin de reducir costos. Todo este proceso resultó en una construcción cuyo precio es aproximadamente el 25% del de una obra convencional.

Existing construction

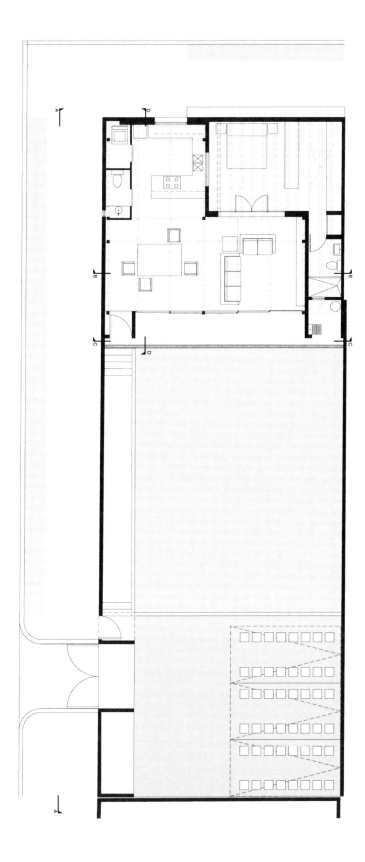

Architectural plan

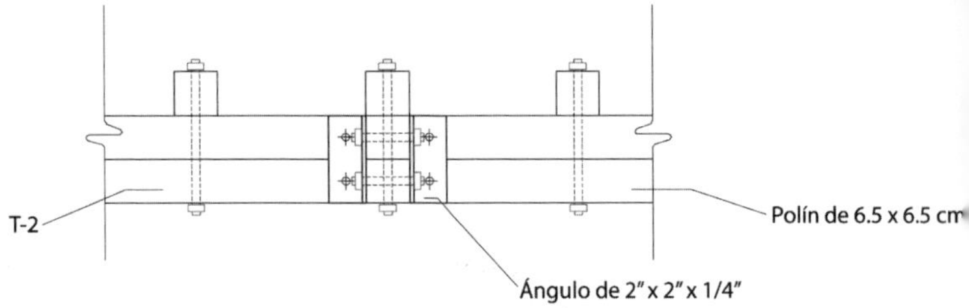

Polín de 6.5 x 6.5 cm

T-2

Ángulo de 2" x 2" x 1/4"

Connector T-1 & T-2

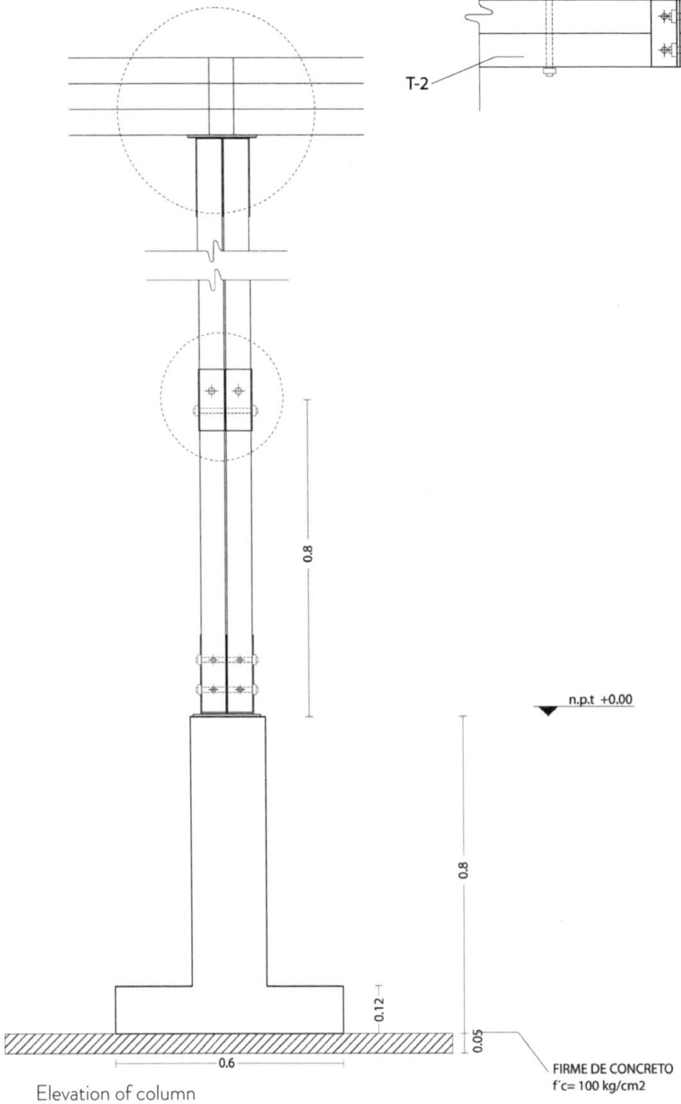

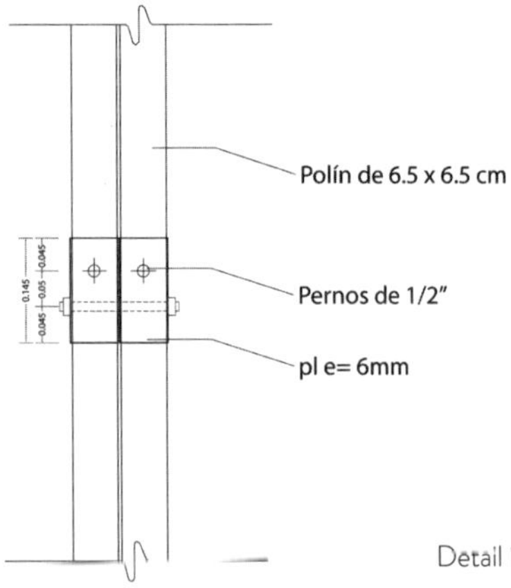

Polín de 6.5 x 6.5 cm

Pernos de 1/2"

pl e= 6mm

Detail 1

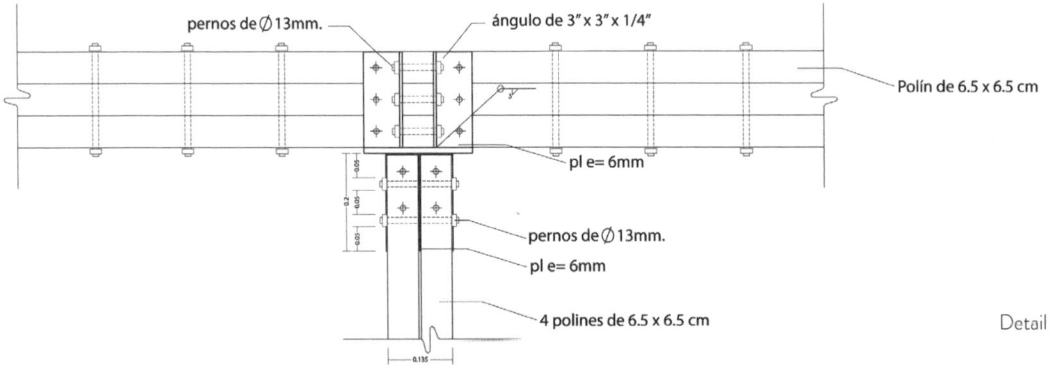

0.8

n.p.t +0.00

0.8

0.12

0.05

0.6

FIRME DE CONCRETO
f´c= 100 kg/cm2

Elevation of column

pernos de ⌀13mm.

ángulo de 3" x 3" x 1/4"

Polín de 6.5 x 6.5 cm

pl e= 6mm

pernos de ⌀13mm.

pl e= 6mm

4 polines de 6.5 x 6.5 cm

Detail 2

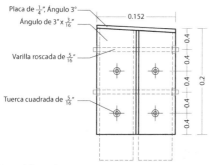

Placa de $\frac{1}{4}$", Ángulo 3°
Ángulo de 3" x $\frac{3}{16}$"
Varilla roscada de $\frac{5}{16}$"
Tuerca cuadrada de $\frac{5}{16}$"

0.152

0.4
0.4
0.4
0.4
0.4
0.4
0.2

Ground floor elevation

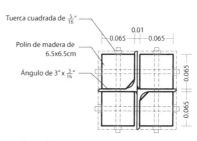

Tuerca cuadrada de $\frac{5}{16}$"
Polín de madera de 6.5x6.5cm
Ángulo de 3" x $\frac{3}{16}$"

0.01
0.065   0.065

0.065
0.065

Ground floor plan

0.152
0.076   0.076

Placa de $\frac{1}{4}$"
Ángulo de 3" x $\frac{3}{16}$"
Traslape

0.148
0.071
0.076

Ground floor II sections

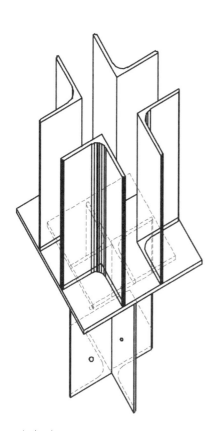

Isometric drawings

Timber post plate connector. Base joint (post)

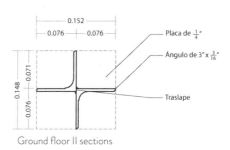

0.2

0.2

Upright connector

GATHER HOUSE

Architects Katsuhiro Miyamoto & Associates **Photographers** © Katsuhiro Miyamoto & Associates **Location** Osaka-City, Japan

This is a renovation project of twenty-seven years old wooden residence built in a low-storey and high-density town areas of southern Osaka City.

The intent was to solve numerous problems of the existing house at once, applying a single rule, "undulating lattice surface". The concept is to respond to every functional change by making undulating walls composed of the lattice surface that uses nearly one thousand 2 x 4 woods.

Firstly, the existing area that cross over the plot area ratio was reduced and three spot gardens integrated with the interior spaces were established for the purpose of letting the light and wind in. After that, an existing steep staircase was retracted and a new atrium staircase room was added in the existing garden. These were what were modified on the plan. Then, the total of one thousand 2 x 4 woods, which would count up to 2.8 km when aligned in series, wrap around the spaces.

Se trata de un proyecto de renovación de una vivienda de madera de veintisiete años de antigüedad, construida en una sola planta en una zona de alta densidad de población del sur de la ciudad de Osaka.

La intención era resolver los numerosos problemas de la casa existente en una misma vez, aplicando una sola regla: "una celosía de superficie ondulante". El concepto es responder a cada cambio funcional creando paredes onduladas, en las que se utilizan unas mil maderas de 2 x 4 metros.

En primer lugar, se redujo el ratio de superficie que cruza la parcela y se colocaron tres jardines integrados con los espacios interiores, creados con el fin de permitir el acceso de la luz y el aire. Posteriormente se retractó la empinada escalera existente y se añadió un atrio en el jardín existente. Estos fueron los espacios que se modificaron sobre la planta. En total, mil palos de madera 2x4, que suponen hasta 2,8 km cuando son alineados en serie, ajustando los espacios.

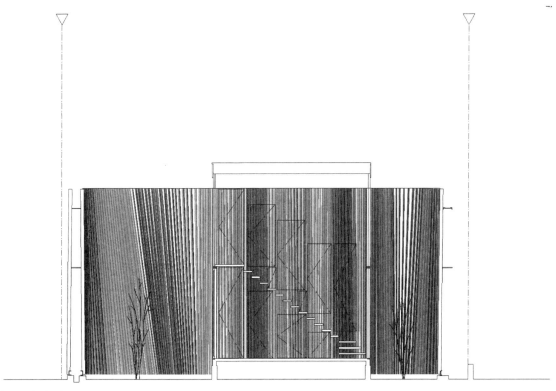

Isometric drawing

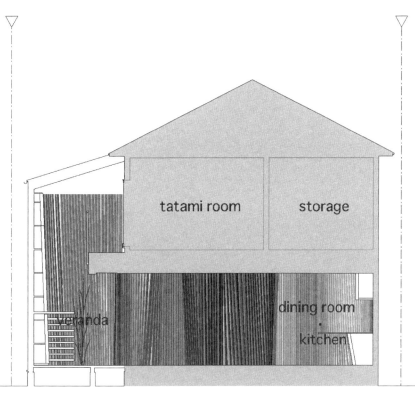

tatami room   storage

veranda

dining room

kitchen

Isometric drawing

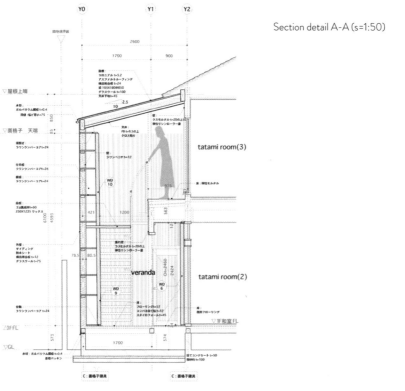

Section detail A-A (s=1:50)

tatami room(3)

veranda

tatami room(2)

Section detail B-B (s=1:50)

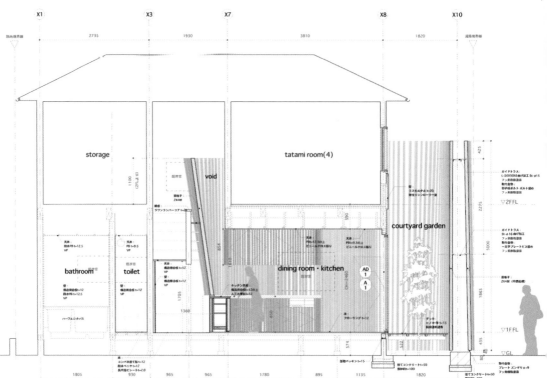

storage

void

tatami room(4)

bathroom

toilet

dining room · kitchen

courtyard garden

Ideas were required for the details of the lattice surface's blades. Round chamfer was treated on the shorthand sides of the visible woods, so that smooth pleats will be created equally to everywhere in the spite of the irregularly continuing curvature. Thus the, undulation of the lattice surface gives various characters to the living spaces. For example, at the place where there is a large gap between the lattice surface and the structural walls, storage is installed. A kitchen counter is shaped where the lattice surface swells large into the room.

Se necesitaban ideas para los detalles de los módulos de la superficie de la celosía. El chaflán se redondea en los lados cortos de forma que la madera queda visible, para que los suaves pliegues se vean equitativamente a pesar de la continua curvatura irregular. Por lo tanto, la superficie ondulada de la celosía dota de interesantes características a todos los espacios de la casa. Por ejemplo, en el lugar donde aparece una gran brecha entre la superficie de la celosía y las paredes estructurales, se coloca un espacio de almacenamiento. El mostrador de la cocina recoge la forma de la superficie hiperbólica de la celosía.

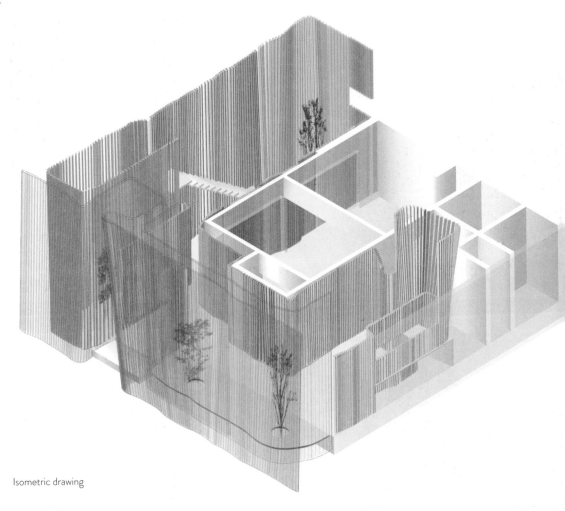

Isometric drawing

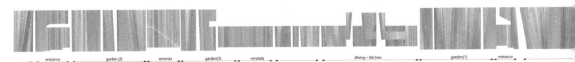

entrance · garden (2) · veranda · garden(3) · veranda · dining + kitchen · garden(1) · entrance

Development

The lattice surface standing high along the adjacent road like a lumber shop is devised to double layers of variously rotating blades, so to prevent glances from the passers-by, at the same time bring in the wind. Simultaneously, it produces beautiful moiré during the daytime and at night it turns into a large lighting fixture. Unexpectedly it plays a role as a public streetlight that softly illuminates the walkway.

La faceta curva permanece elevada a lo largo de la calle adyacente, como una tienda de maderas, ideada con capas dobles de rotación en sus diversas hojas, por lo que también sirven para evitar las miradas de los transeúntes y al mismo tiempo dejan transpirar a la casa. Simultáneamente, produce un bello efecto moiré durante el día mientras por la noche se convierte en un accesorio que emite una intensa luminosidad. Desempeña el inesperado papel de una luz pública de calle que ilumina suavemente el paseo.

LAKE HOUSE IN SCHRAMPE

Architects Pfeiffer Architekten **Photographers** © Jens Rötzsch
Location Schrampe, Saxony- Anhalt, Germany

The Pfeiffer Architekten goal when designing the house in harmony with its environment and in response to the client's priorities suggested wood as the keynote material in structure as well as both interior and exterior panelling. Moreover, the choice of wood allowed to build the house within a short time frame and at an affordable cost.

Cloaked in red-cedar shingles all around, the house will form a piece with its surroundings - increasingly from year to year.

The single-unit structure, with a height equal to its width, is supported by seven ribs of structural plywood with three hinges at the ridge and pedestals of reinforced concrete. The pedestals stand on a dynamically embedded foundation, which is insulated against frost, as demanded by the peaty sub-soil. The plywood ribbing segments the interior space. Whitewashed plywood decks the floor and wall-space from rib to rib.

El objetivo de Pfeiffer Architekten al diseñar la casa en armonía con su entorno y en respuesta a las prioridades del cliente sugirió la madera como material principal de la estructura, así como paneles interiores y exteriores en el mismo material. Además, la elección de la madera permitió construir la casa en un corto plazo de tiempo y a un costo muy ajustado.

Cubierta en su totalidad por tejas de cedro rojo, la casa forma una sola pieza con su entorno: cada vez más con el paso de los años.

La estructura de unidad única, con una altura igual a su anchura, se sustenta por siete costillas de contrachapado estructural con tres bisagras en la cresta y pedestales de hormigón armado. Los pedestales reposan sobre unos cimientos dinámicamente incrustados, que están aislados contra las heladas, como exige el subsuelo turboso. Los nervios de madera contrachapada segmentan el espacio interior. La madera contrachapada encalada cubre el pavimento y el espacio de la pared de una costilla a la otra.

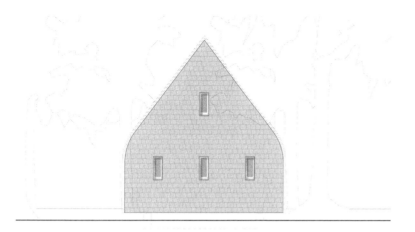

Rear elevation

Front elevation

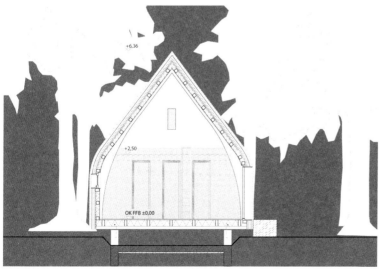

+6,36

+2,50

OK FFB ±0,00

Section

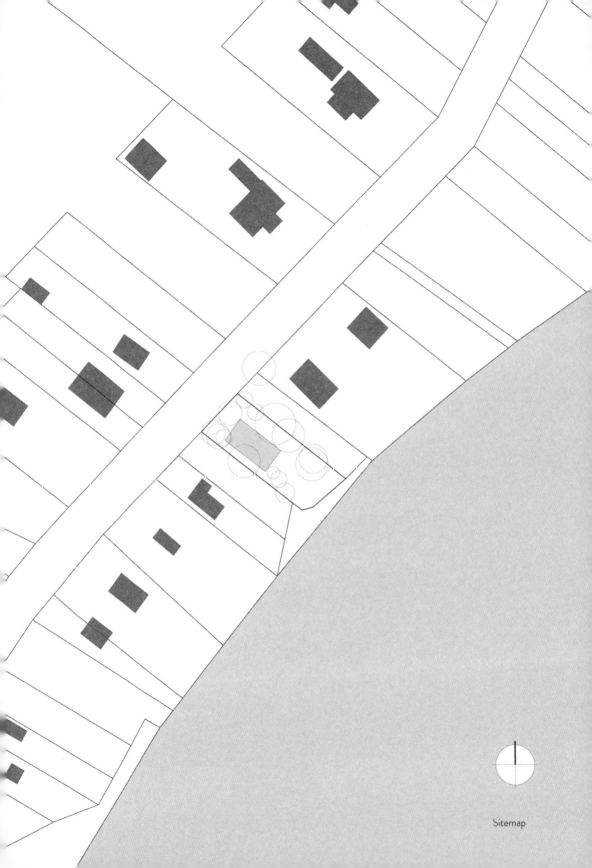

Sitemap

The highly insulated, wind-tight walls, together with excellent-quality windows and the building's relatively low heat-storage mass, make it possible to do without any central heating system. The house is warmed naturally in winter by passive solar energy and a wood-burning fireplace. In the summer, the surrounding woods almost symbiotically protect the house from excessive heat.

Las paredes, altamente aislantes, junto con ventanas de excelente calidad y la relativamente baja masa de almacenamiento de calor del edificio, hacen posible prescindir de cualquier sistema de calefacción central. La casa se calienta, de manera natural en invierno, por energía solar pasiva y una chimenea de leña. En el verano, los bosques circundantes protegen casi simbióticamente la casa del calor excesivo.

Plan

82

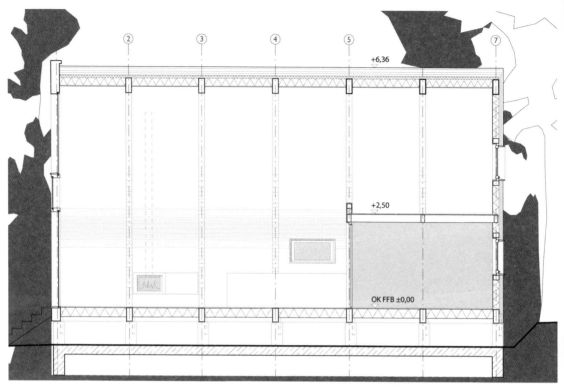

Section

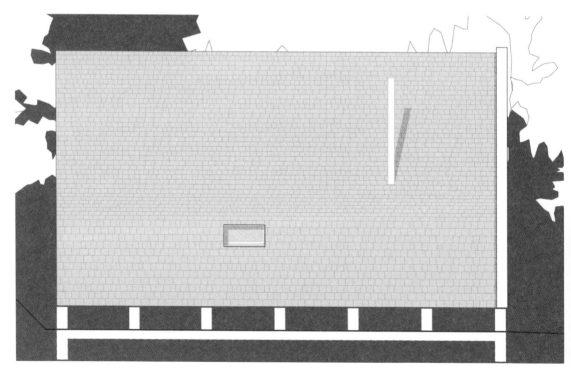

Elevation

All wooden building materials exposed to the weather are designed to lie in natural air pockets, so that treating them chemically would be unnecessary. Only the gable binder and the window frames / reveals required lacquering and consequently maintenance at three-year intervals. The house has no gutters or metal sheeting.

Todos los materiales de construcción en madera expuestos a la intemperie están diseñados para permanecer en espacios de aire naturales, por lo que tratarlos químicamente sería innecesario. Solamente el hastial y los marcos de las ventanas revelan el necesario barnizado y, por consiguiente, mantenimiento a intervalos de tres años. La cubierta no necesita canales de recogida de agua o planchas metálicas.

CEDAR HOUSE

Architects Hudson Architects **Photographers** © Steve Townsend
Location Nort Elmham, Norfolk, UK

Cedar House pilots a new prototype for cost-effective new-build modern housing. It deploys innovative off-site construction, which simplifies the building process without compromising the architecture of the house. Designed for a photographer and his family, the brief wax for a simple house comprising two bedrooms and a third room, which could function as both a guest room and an office. The location of the building dictated the external envelope of the house. Situated in the countryside of north Elmham, on the river Wensum, it was important that the building was sensitive to its surroundings and sat comfortably with the local agricultural landscape.

Cedar House dirige un nuevo proyecto de casas modernas rentables y de edificación nueva. Utilizan una construcción fuera de obra innovadora que simplifica el proceso de construcción sin poner en peligro la arquitectura de la casa. Diseñada para un fotógrafo y su familia, el encargo consistía en crear una casa sencilla que tuviera dos dormitorios y una tercera habitación que pudiera funcionar tanto de habitación de invitados como de estudio. La ubicación del edificio dictaminó la envoltura externa de la casa. Situada en la campiña del norte de Elmham, junto al río Wensum, era importante que la construcción conectara con lo que le rodeaba y que fuera agradablemente compatible con el paisaje agrícola local.

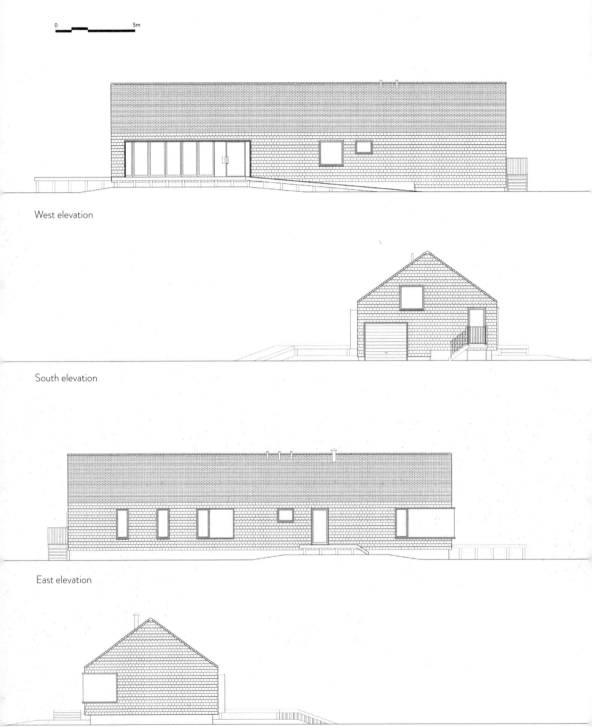

0   5m

West elevation

South elevation

East elevation

North elevation

Hudson Architects designed a modest rural building simple in form and evocative of a functional farm building. This design led to research into possible elemental construction methods.

Hudson Architects diseñaron un modesto edificio rural con una forma sencilla que evoca a una granja funcional. Este diseño llevó a investigar posibles métodos de construcción elementales.

88

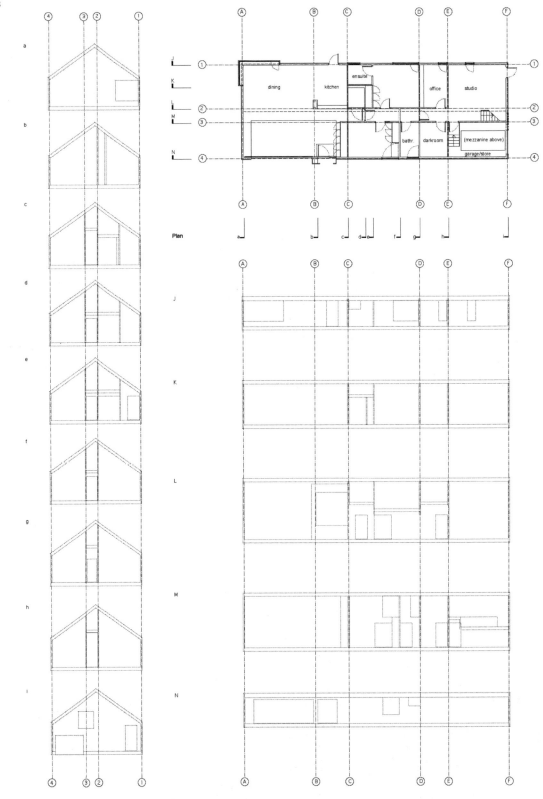

Plan

dining   kitchen   ensuite   office   studio

bathr.   darkroom   (mezzanine above)

garage/store

Panels

Externally the building has been entirely cloaked in 15,000 untreated cedar shingles, a material which belies the prefabricated system beneath. Fixed to battens over a breathable waste-woodchip building board cedar was chosen as a more cost effective alternative to weatherboarding. Coupled with the clean lines of the aluminium window surrounds and integrated into a design, which cleverly conceals obtrusive rainwater systems, the cedar reads as a dramatic sleek protective cloak, which sits harmoniously with its countryside surroundings.

Exteriormente, el edificio ha sido totalmente cubierto con 15.000 tejas de cedro sin procesar, un material que oculta el sistema de prefabricado. Fijado a los listones sobre un tablero de construcción hecho de restos de virutas de madera transpirable, el cedro fue escogido por ser una alternativa más rentable que el revestimiento solapado. Unido a las líneas limpias de los bordes de las ventanas de aluminio e integrado en el diseño, que hábilmente disimula los sistemas de penetración de agua, el cedro funciona como una capa protectora impecable y efectiva que encaja armoniosamente con los alrededores campestres.

HEIDI HOUSE

Architect Matteo Thun **Photographers** © Emilio Tremolada,
Tiziano Sartorio and Jürgen Eheim
Location Alpes Tiroleses, Italy

As a general rule, prefabricated houses are understood to be autonomous elements, alien to the place where they are located, and which rarely cease to be something more than a basic space of little spatial richness. The great challenge that the architect set himself in the design of this house was to convert the concept of a prefabricated project into something much more than a cabin and, at the same time, to be situated correctly in its surroundings. The basic idea was to create a single-family house that could easily and quickly be installed in the alpine region of Tyrol, in northern Italy. After a detailed study of the characteristics of the site, it was possible to conceive an architectural object designed to be integrated into this mountainous landscape while making reference to its traditional architectural classifications.

Por regla general, las casas prefabricadas se entienden como elementos autónomos, ajenos al lugar en donde se encuentran, y que pocas veces dejan de ser algo más que un volumen básico de poca riqueza espacial. El gran reto que se planteó el arquitecto en el diseño de esta casa era el de convertir el concepto de proyecto prefabricado en algo mucho más que una cabaña y que, al mismo tiempo, se implantara correctamente en su entorno.
La idea básica consistía en crear una casa unifamiliar que pudiera ser instalada, de un modo fácil y en poco tiempo, en la región alpina del Tirol, al norte de Italia. Después de un estudio detallado de las características del lugar, se logró concebir un objeto arquitectónico diseñado para integrarse en este paisaje montañoso al tiempo que hace referencia a sus tipologías arquitectónicas tradicionales.

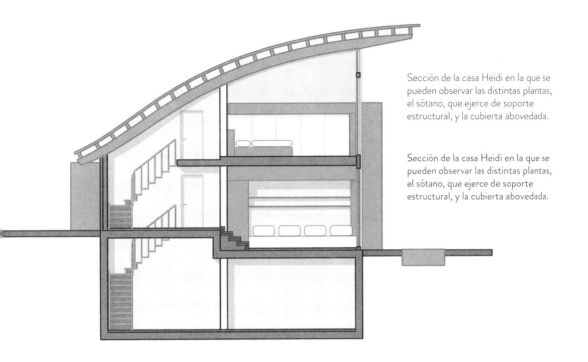

Sección de la casa Heidi en la que se pueden observar las distintas plantas, el sótano, que ejerce de soporte estructural, y la cubierta abovedada.

Sección de la casa Heidi en la que se pueden observar las distintas plantas, el sótano, que ejerce de soporte estructural, y la cubierta abovedada.

The construction system is based on a three-dimensional grid of solid Nordic pine columns and beams from the Alpine area. The conditions in which this wood grows, exposed to cold, snow and solar radiation, allows it to acquire optimal characteristics of resistance without having to resort to sophisticated treatments. The house is acoustically insulated thanks to the fact that the structure is covered with a sound-absorbing material. This eliminates sounds produced by the strong air currents that frequently whip these valleys.

El sistema constructivo se basa en una retícula tridimensional de columnas y vigas de madera maciza de pino nórdico proveniente del área alpina. Las condiciones en las que crece esta madera, expuesta al frío, a la nieve y a la radiación solar, hacen que acumule características óptimas de resistencia sin tener que recurrir a tratamientos sofisticados. La casa está aislada acústicamente gracias a que la estructura esta revestida de un material fonoabsorbente. De esta manera se eliminan los sonidos producidos por las fuertes corrientes de aire que azotan con frecuencia en estos valles.

Depending on what is needed, modules are inserted into the structure to provide more rooms, or much larger spaces all within a simple design.

Según las necesidades, se insertan módulos en la estructura que permiten disponer de más habitaciones o, por otra parte, espacios mucho más amplios en un programa sencillo.

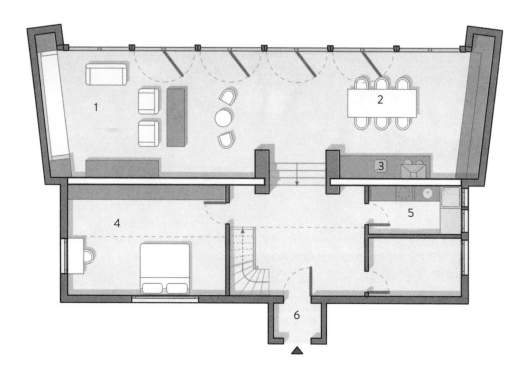

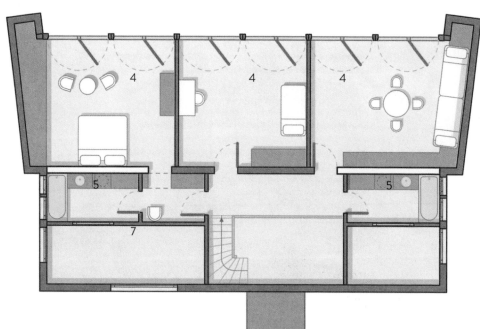

1. Living room
2. Dining room
3. Kitchen
4 bedrooms
5. Bathrooms
6. Entry
7. Gallery

Additionally, a system is proposed that is inherent to the structure itself and to the finishes, which achieves maximum energy efficiency and low energy consumption.

Adicionalmente, se plantea un sistema, inherente a la estructura misma y a los acabados, que logra un máximo de eficiencia energética para conseguir un bajo consumo.

A layer of laminated wood wraps the space and is superimposed on the facades which contain the openings. This layer, the image of the firewood piling up in the valley, sifts solar radiation and unifies the language of the building. The south face opens through large windows towards the landscape so that it can capture most of the sunlight during the winter.

Una piel de madera laminada envuelve el volumen y se superpone a las fachadas que contienen las aberturas. Esta persiana, imagen de los haces de leña que se apilan en el valle, tamiza la radiación solar y unifica el lenguaje del edificio. La cara sur se abre por medio de amplios ventanales hacia el paisaje, de modo que pueda captar la mayor parte de luz solar durante el invierno.

MINI HOME

Architects Sustain Design Studio & Altius Architecture
Photographers © Sustain Design Studio
Location Toronto, Canada

Sustain Design Studio delivers affordable, prefabricated and environmentally sensitive homes for living, work and play. Beautiful and functional design is a cornerstone of those prefab products that prove quality and affordability can co-exist. After several years of prototyping and development they were ready to manufacture a new generation of miniHomes, like the one presented here. Their work is internationally recognized for its contemporary design and ecological vision. Based in Toronto, works in partnership with Altius Architecture to capitalize on existing expertise in design and building science. A relationship that allows for the research and development of high-end experimental projects that can then be tested and applied to affordable modular solutions for consumers.

Sustain Design Studio realiza casas asequibles, prefabricadas y ecológicas para vivir, trabajar y divertirse. El diseño bonito y funcional es el pilar de estos productos prefabricados que demuestran que la calidad y la asequibilidad pueden coexistir. Tras varios años haciendo y desarrollando prototipos, estaban listos para fabricar una nueva generación de miniHomes (minihogares), como la que se muestra aquí. Su trabajo es reconocido a nivel internacional por su diseño contemporáneo y su visión ecológica. Con base en Toronto, trabajan conjuntamente con Altius Architecture para sacar provecho de los conocimientos de diseño y edificación. Una relación que permite investigar y desarrollar proyectos experimentales avanzados que pueden probarse y aplicarse a soluciones modulares asequibles para los consumidores.

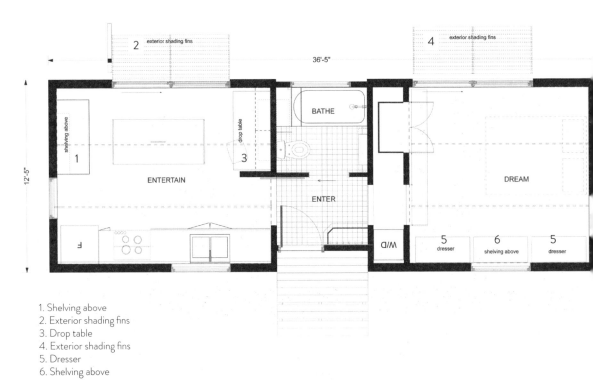

36'-5"

12'-5"

2 exterior shading fins

4 exterior shading fins

1 shelving above

BATHE

drop table

3

1

ENTERTAIN

DREAM

ENTER

F

W/D

5 dresser

6 shelving above

5 dresser

1. Shelving above
2. Exterior shading fins
3. Drop table
4. Exterior shading fins
5. Dresser
6. Shelving above

MiniHomes are quite simply at the forefront of the global green revolution in home construction. Embodying the best in contemporary design, those affordable prefab homes exemplify the highest standards of modern residential design, materials and technology to create beautiful, energy efficient and enduring dwellings. Most of the science behind building a green home is taking into account smart design, energy efficiency and locally sourced materials. It's clear that Sustain team take these elements into consideration with the miniHome.

Las miniHome están, sin ninguna duda, al frente de la revolución ecológica global de la construcción de viviendas. Incorporando lo mejor en el diseño contemporáneo, estas casas prefabricadas asequibles ejemplifican los estándares más elevados del diseño residencial moderno, los materiales y la tecnología para crear viviendas bonitas, energéticamente eficaces y duraderas. Es evidente que el equipo de Sustain tiene en cuenta estos elementos en la miniHome.

PENTIMENTO HOUSE

Architects Jose María Sáez & David Barragán **Photographers** © Raed Gindeya, Jose María Sáez & David Barragán **Location** La Morita, Tumbaco, Quito-Ecuador

This building was destined to be a spiritual centre and peaceful refuge, incorporating a garden and conducive to relaxation. As spirituality should be derived from nature itself, the architecture had to blend in with its environment instead of compete with it. The structure also had to be opened up during the warmer months and incorporate a view of the nearby Ilaló volcano. The project was based on a single piece of prefabricated concrete that could be positioned in four positions and which encompassed the structure, enclosure, furniture, stairways and even a garden facade, the origin of this project. The architecture is subordinate to the surrounding garden. The exterior is a network, an enclosure, a hedge made from piled up plant pots. The interior acts as a screen that allows nature to filter in.

Se demanda una vivienda que pueda ser centro espiritual y espacio de silencio. Y como la espiritualidad debe provenir de la naturaleza misma, se busca una arquitectura que se inserte en la naturaleza sin entrar en competencia con ella y que se abra al clima templado y a la visión cercana del volcán Ilaló. El proyecto se genera desde una sola pieza prefabricada de hormigón, que puede situarse en el montaje en cuatro posiciones y que resuelve estructura, cerramiento, mobiliario, escaleras e incluso una fachada jardín que es el origen del proyecto. La arquitectura se subordina al jardín donde se inserta. Hacia fuera es un tejido, un cerramiento, un seto construido por apilamiento de macetas. Hacia dentro el muro es un tamiz que filtra la naturaleza.

Section - A

Section - B

East facade

The prefabricated system is built on a concrete platform that serves as a superficial foundation. The pieces are prefabricated in the soil with metal formworks and are incorporated into the structure by inserting steel rods anchored with epoxy to the platform. These rods and connecting elements create a tight structure of small columns and lintels, extremely appropriate for the seismic nature of the area.

Sobre una plataforma de hormigón que sirve como cimentación superficial se levanta el sistema de prefabricados. Las piezas se prefabrican en el suelo con encofrados metálicos y se colocan en la obra insertándolas en varillas de acero ancladas con epoxi a la plataforma. Estas varillas y los elementos de traba entre las piezas generan una estructura apretada de pequeñas columnas y dinteles, muy apropiada para la sismicidad de la zona.

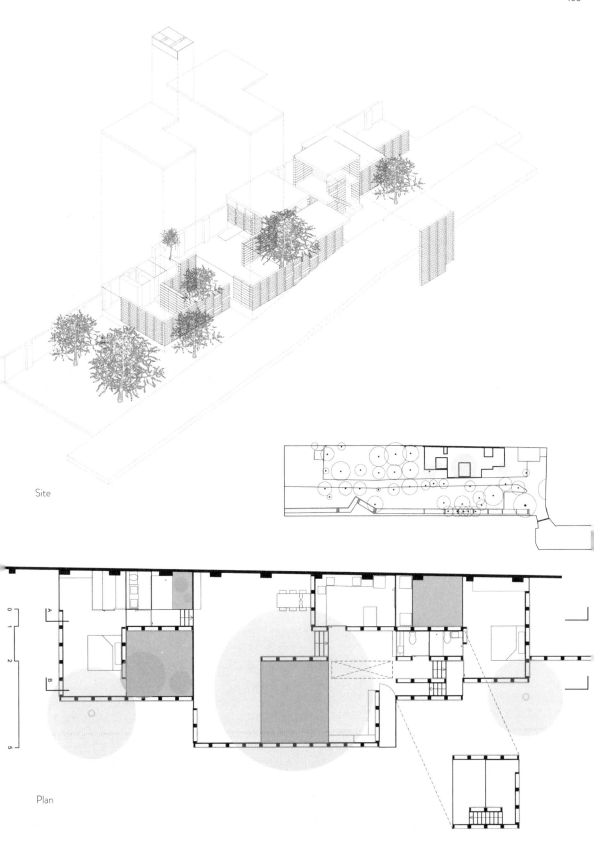

Site

Plan

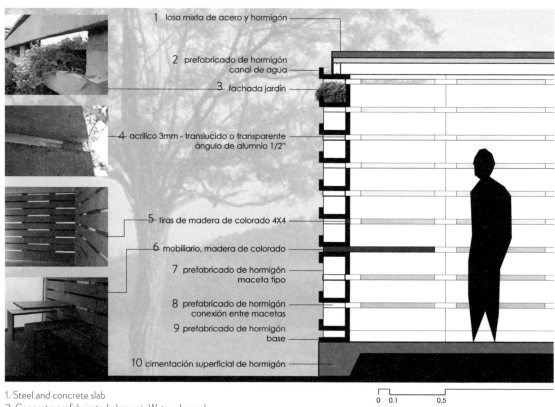

1 losa mixta de acero y hormigón

2 prefabricado de hormigón
canal de agua

3 fachada jardín

4 acrilico 3mm - translucido o transparente
ángulo de alumnio 1/2"

5 tiras de madera de colorado 4X4

6 mobiliario, madera de colorado

7 prefabricado de hormigón
maceta tipo

8 prefabricado de hormigón
conexión entre macetas

9 prefabricado de hormigón
base

10 cimentación superficial de hormigón

0   0.1   0.5

1. Steel and concrete slab
2. Concrete prefabricated element. Water channel.
3. Garden facade
4. 3 mm acrylic - translucent or transparent, aluminium angle 1/2"
5. 4x4 Coloured wooden strips
6. Coloured wooden furniture
7. Concrete prefabricated plant pot
8. Concrete prefabricated element, connection between plant pots
9. Base concrete prefabricate elements
10. Superficial concrete foundation

1. Wooden furniture anchored in fissures
2. Garden facade
3. Elements connecting pots
4. Load bearing pots, variable position reinforced concrete
5. Concrete base

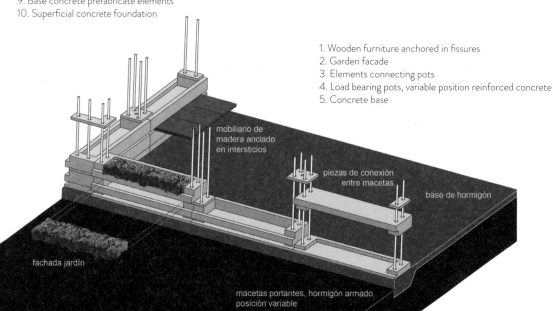

mobiliario de
madera anclado
en intersticios

piezas de conexión
entre macetas

base de hormigón

fachada jardín

macetas portantes, hormigón armado
posición variable

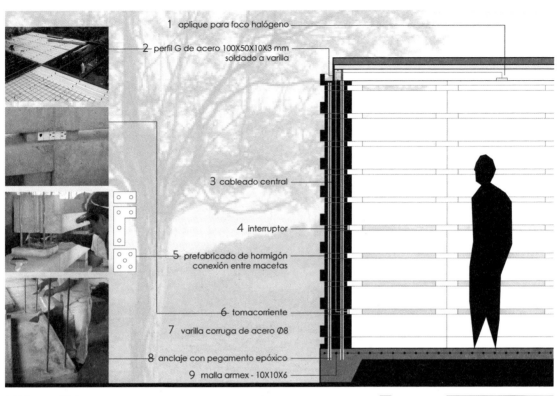

1 aplique para foco halógeno
2 perfil G de acero 100X50X10X3 mm soldado a varilla
3 cableado central
4 interruptor
5 prefabricado de hormigón conexión entre macetas
6 tomacorriente
7 varilla corruga de acero Ø8
8 anclaje con pegamento epóxico
9 malla armex - 10X10X6

0   0.1   0.5

1. Halogen wall light
2. Rod welded steel G profile 100x50x10x3
3. Central wiring
4. Switch
5. Concrete prefabricated element. Connection between plant pots
6. Power point
7. Steel corrugated rod Ø8
8. Anchor with epoxy adhesive
9. Armex mesh - 10x10x6

Where possible, the house does away with the need for finishings. The foundation slabs are cast with strengthening black pigment and are used for the final floor. The concrete prefabricated elements are visible outside and inside, softened by red wood and the weathered green copper flashing and ever-present vegetation. The financial limitations generated a style that encompasses: cost savings, simplicity and clarity; stripping away excess, cutting back to reveal depth, simplifying the construction processes, working with the light, nature, warm climate and the direct materials available to achieve architectural synthesis.

La casa prescinde lo posible de acabados. La losa de cimentación se funde con pigmento negro y endurecedor para que se convierta en el piso terminado final. Los prefabricados de hormigón quedan vistos tanto al exterior como al interior, suavizando su dureza la madera roja, y el verde de los vierteaguas de cobre oxidado y de la vegetación siempre presente. La limitación económica conduce a un ideal de estilo que comparte: economía, sencillez y claridad; despojarse de lo accesorio, buscar la intensidad por reducción, simplificar los procesos constructivos, trabajar con la luz, la naturaleza, el clima templado y los materiales disponibles de forma directa: arquitectura de síntesis.

STACKED CABIN

Architects Johnsen schmaling Architects **Photographers** © John J. Macaulay
Location Muscoda, Wisconsin, USA

The tight budget required a rigorously simple structure. In order to minimize the building's footprint and take advantage of the sloped site, the horizontally organized components of a traditional cabin compound - typically an open-plan longhouse with communal living space, an outhouse, and a freestanding tool-shed - were reconfigured and stacked vertically. The bottom level, carved into the hill and accessible from the clearing, houses a small workshop, equipment storage, and a washroom, providing the infrastructural base for the living quarters above. A wood-slatted entry door opens to stairs that lead up to the open living hall centred around a wood-burning stove and bracketed by a simple galley kitchen and a pair of small, open sleeping rooms.

Un presupuesto tan ajustado requiere una estructura rigurosamente simple. A fin de minimizar la huella del edificio y aprovechar las ventajas de un emplazamiento inclinado, los componentes horizontalmente organizados de un compuesto de cabina tradicional (normalmente una casa alargada de planta abierta con un cobertizo de herramientas independiente, estar comunal y un porche) fueron reconfigurados y apilados verticalmente. El nivel inferior, tallado en la colina y accesible desde el claro, alberga un pequeño taller, el almacén de equipos y un baño, proporcionando la base de infraestructura para los pisos superiores. Una puerta de entrada laminada en madera se abre hacia las escaleras que conducen a la sala de estar abierta en torno a una estufa de leña y encorsetada por una sencilla cocina de galera y un par de pequeñas habitaciones.

Section

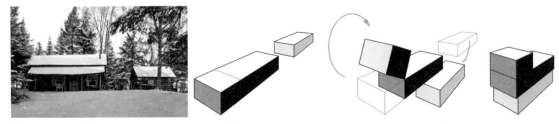

Volumetric morphology

Axonometric

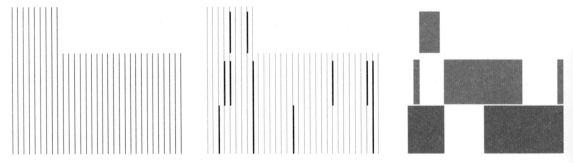

Facade morphology

Floor-to-ceiling curtains on either end of the living hall can be moved or retracted, their undulating fabric and delicate texture adding a sensual dimension to the crisp interior palette. Depending on their arrangement, the curtains can provide privacy for the sleeping rooms, open them up to the main living space, or screen the kitchen when not in use. Large-scale lift-slide apertures along the sides of the living hall offer extensive views of the forest and direct access to an informal hillside terrace.

Las cortinas, de toda la altura entre forjados, se sitúan en los extremos del salón y se pueden mover o retirar; su tela ondulada y su textura delicada añaden una dimensión sensual a la nítida paleta del interior. Dependiendo de su disposición, las cortinas pueden proporcionar privacidad a las habitaciones, abrir el espacio principal del estar u ocultar la cocina cuando no esté en uso. Grandes aberturas alargadas a lo largo de los lados del salón ofrecen amplias vistas del bosque y un acceso directo a una terraza informal sobre la ladera.

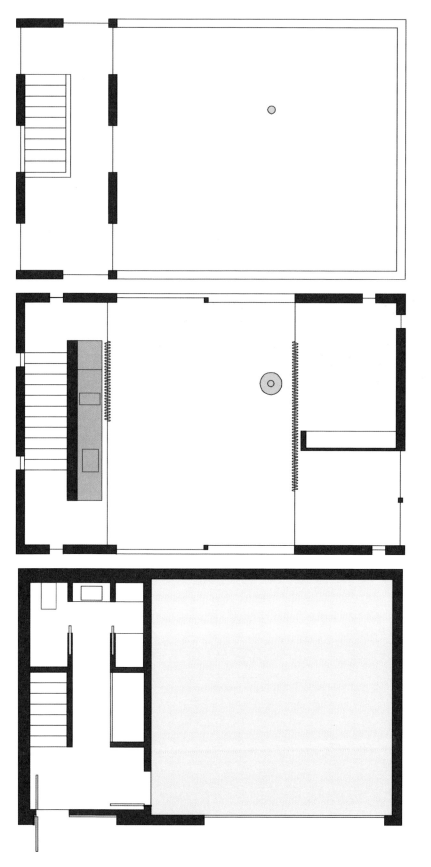

The meticulously detailed project takes advantage of readily available materials used in the region's farmstead architecture. On the outside, exposed concrete, cedar, anodized metal, and cementations plaster all echo the muted, earthy hues of the surrounding forest and rock formations. The material palette extends to the inside, where integrally colored polished concrete floors on the two main levels provide sufficiently durable surfaces against the periodic abuse from cross country skies, dogs, and muddy hiking boots. Walls, ceilings, and built-in cabinets are painted white, lightening up the interiors during the long winter months and providing a quiet, neutral foreground against which nature's complex and ever-changing tableau, carefully framed by the cabin's large openings, can unfold.

El proyecto, meticulosamente detallado, aprovecha fácilmente los materiales disponibles utilizados en la región. En el exterior, hormigón visto, cedro, metal anodizado y cementaciones en yeso dan eco a los tonos apagados y terrosos de las formaciones forestales y rocas circundantes. La paleta de materiales se extiende hacia el interior, donde colorea integralmente los pulidos pavimentos de hormigón en los dos niveles principales, proporcionando superficies suficientemente duraderas contra el abuso periódico de los esquís, los perros y las embarradas botas de senderismo. Las paredes, techos y armarios integrados se han pintado de blanco, iluminando los interiores durante los largos meses de invierno y proporcionando un lugar tranquilo y neutral contra el complejo y cambiante cuadro vivo de la naturaleza, cuidadosamente enmarcado por grandes aberturas, que pueden desplegarse.

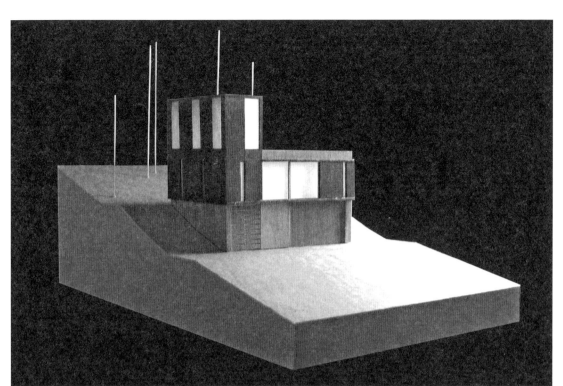

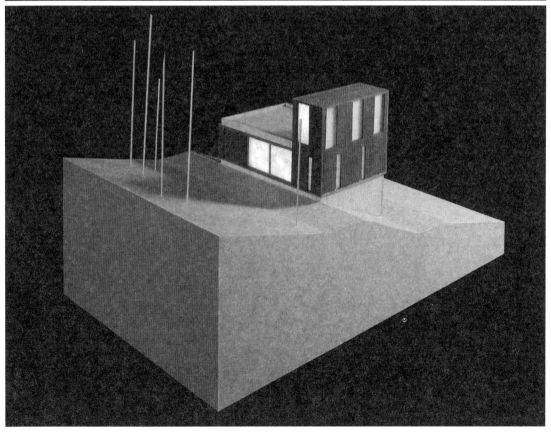

SU-SI HOUSE

Architects Johannes Kaufmann Architektur **Photographers** NAM Architekturfotografie **Location** Dornbirn, Vorarleberg, Austria

SU-SI proves that it is possible to develop architecture of a high technical and aesthetic quality using modular and prefabricated elements. The wood, a material with which Johannes Kaufmann Architektur is very familiar, is used extensively for structural pieces as well as interior and exterior partitions, instilling these small spaces with plenty of character. SU-SI was manufactured in five weeks, transported by road and placed by crane on the prefabricated foundations, which had been previously installed on the terrain. The electricity, water and other elements were quickly connected and a house for a small family was ready for use.

SU-SI demuestra que es posible desarrollar una arquitectura de gran calidad técnica y estética atrayente trabajando con elementos modulares y prefabricados. La madera, un material con el cual Johannes Kaufmann Architektur está muy familiarizado, se emplea aquí de forma extensiva tanto en piezas estructurales como en los cerramientos interiores y exteriores, dando un fuerte carácter a estos pequeños espacios. SU-SI fue entregado después de una producción en fábrica de 5 semanas, trasladado por carretera y colocado con una grúa sobre los cimientos prefabricados previamente instalados en el terreno. Rápidamente se realizaron las conexiones de electricidad, agua, etc., y la casa de una familia pequeña ya estaba disponible para su uso.

19860 / 1   *Kehlermähder*

Zaun - Bestand

ndgrenze

Zaun - Bestand
Grundgrenze

bestehender
Geräteschuppen

2 Stellplätze
43.20 m²
gekiest

Grundgrenze

offener Graben

Grundgrenze

Zaun - Bestand

Fußweg 6.00 m² | gekiest

SCHLAFEN
12.8 m²

TECHNIK 0.6 m²
zugänglich über
Revisionsklappe

TECHNIK 0.6 m²

KOCHEN | ESSEN | WOHNEN
30.3 m²

BAD | WC
8.1 m²

TERRASSE
15.0 m²

EINGANG

STUFE

N

bestehender
Wohnhaus
Fam. Schneider

9456 / 2

Grundstücksgröße:
ca. 211.80 m

Grst.-Widmung: BW

Site plan

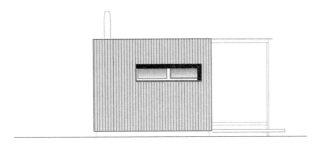

Northwest elevation

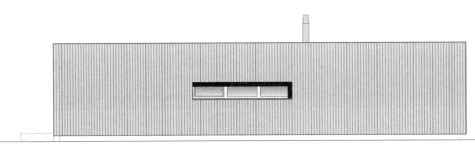

Northeast elevation

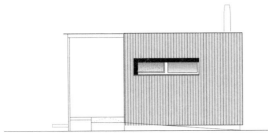

Southeast elevation

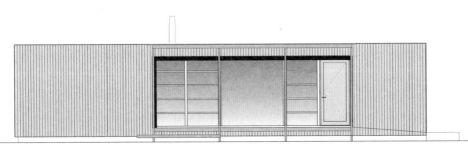

Southwest elevation

The whole structure and envelope, both inside and out, were made exclusively in wood or materials derived from wood. Aside from the low maintenance costs, owing to excellent insulation properties, the operational costs for the whole construction and subsequent assembly processes were also kept to a minimum.

Toda la estructura y el revestimiento, tanto exterior como interior fueron ejecutados exclusivamente con madera o materiales provenientes de la madera. Además del mantenimiento de bajo coste debido a las excelentes propiedades del aislamiento, también se logran bajos costos de operación en todo el proceso constructivo y de montaje posterior.

FAMILY DUPLEX

Architect Harry Gugger **Photographers** © Margherita Spiluttini
Location Basel, Switzerland

This project of two semi-detached houses on the outskirts of Basel, Switzerland, establishes a close dialog with its surroundings from a commanding space that is subtly placed within the landscape.

The space of the two dwellings is defined by a homogeneous enclosure and is displaced from the ground level by a concrete base that, compensating for the elevation of the terrain, reaches the hill.

Both take advantage of the extraordinary view of the Rhine Valley and the Vosges Mountains as well as the serenity of the gardens close to the room areas.

Este proyecto de dos viviendas adosadas en los alrededores de Basilea, en Suiza, entabla un estrecho diálogo con su entorno a partir de un volumen contundente que se implanta sutilmente en el paisaje.

El volumen de las dos viviendas, definido por una envolvente homogénea, está desplazado del nivel del suelo por una base de hormigón con la que, compensada por el terreno inclinado, alcanza la colina.

Ambas aprovechan la extraordinaria panorámica sobre el valle del Rhin y el Voges así como la serenidad de los jardines próximos a las zonas de las habitaciones.

The initial decision of architect Harry Gugger, with regard to the semi-wild and almost abandoned character of the environment, was to build and place the house as a solitary element within the landscape.

La decisión inicial del arquitecto Harry Gugger, con respecto al carácter semisalvaje y casi abandonado del entorno, fue la de construir y emplazar la casa como un elemento solitario en el interior del paisaje.

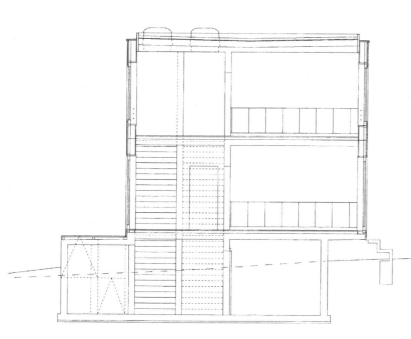

Cross section

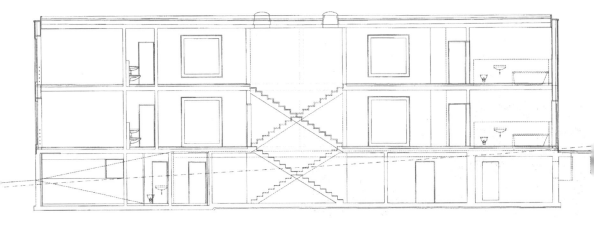

Longitudinal section

The free space around the house has not been transformed into a typical suburban garden but rather has been interpreted as a landscape in itself. In this way, the inherent dimensions of the place and its character continue to be perceptible.

El espacio libre alrededor de la casa no ha sido transformado en el típico jardín suburbano, sino que ha sido interpretado como un paisaje en sí mismo. De este modo, las dimensiones inherentes del lugar y su carácter continúan perceptibles.

The relationship with the environment is understood from the inside. The windows are presented as a series of paintings that not only reflect the natural world, but also transport it to the very interior of the space. The rooms become true lodges when the windows are open. The entrances are conceived in the same way, facing a corridor of wooden slats that turns the base of the building into a terrace. Thus, with a sober language and few elements, a close link between landscape and architecture is achieved.

La relación con el entorno termina de entenderse desde el interior. Las ventanas se presentan como series de cuadros que no sólo reflejan el mundo natural, sino que lo transportan al interior mismo del espacio. Las habitaciones se transforman en verdaderas logias cuando las ventanas están abiertas. Los accesos están concebidos del mismo modo, enfrentados a un corredor de listones de madera que convierte el zócalo del edificio en una terraza. Así, con un lenguaje sobrio y pocos elementos, se logra un estrecho vínculo entre paisaje y arquitectura.

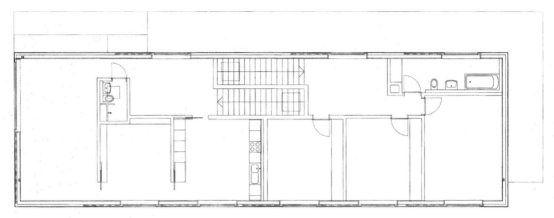

Ground floor

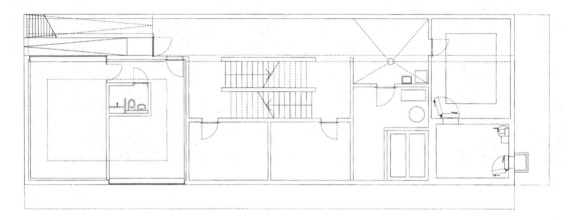

First floor

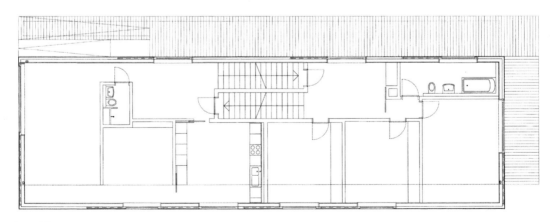

Second floor

Thanks to a privileged location, the house can enjoy magnificent views of the environment. All windows overlook the garden, providing natural light and panoramas of the surrounding vegetation.

Gracias a una situación privilegiada, la casa puede gozar de magníficas vistas del entorno. Todos los ventanales dan al jardín, proporcionando luz natural y panoramas de la vegetación circundante.

SWINGLINE

Architects 4 Architecture. Joseph Tanney & Robert Luntz **Photographers** RES4, Miko Almaleh, Francine Fleischer **Location** Wainscott, New York, USA

Located on a wooded three-acre site in South Hampton, New York, The Swingline aka Zim- Wex is a 422m2 year-round playhouse house for two women and their four kids who split time between their New York City brownstone and the Hamptons. With numerous bedrooms, a guest room, a media room with floor to ceiling windows, screened porches, decks, a pool house, amongst other amenities, the house was built to entertain and indulge its inhabitants.

Ubicada en una arboleda de casi 1,3 hectáreas en South Hampton, Nueva York, la Swingline, también conocida como Zim-Wex, es una casa de 422 metros cuadrados destinada a la diversión durante todo el año para dos mujeres y sus cuatro hijos, que dividen su tiempo entre su casa de piedra rojiza de Nueva York y la de los Hamptons. Con muchos dormitorios, una habitación de invitados, una sala para ver la televisión con ventanales que van del suelo al techo, porches apantallados, terrazas, una piscina cubierta, entre otras comodidades, la casa se diseñó para entretener y satisfacer a sus habitantes.

Upon arrival, the families and their visitors are met by a large void cut out at one end of the house. Like a window into the future, the opening creates a framed view deep into the spacious rear space and its lush green setting. By creating such a unique passageway, the embarkation onto the site becomes as grand as the home's program. The 34m. long façade is covered in a singular texture of clear cedar intermitted by cement board and window punches. The internal effect is a gallery of light; in which even the illumination can be experienced from the rear space. The dual view of movement through the glass from both the interior and exterior playfully alludes to the conundrum of the 'observed and the observer'.

A su llegada, las familias y sus visitas son recibidas por un gran hueco en uno de los extremos de la casa. Como si fuera una ventana al futuro, el orificio crea una vista que enmarca el amplio espacio trasero y su opulento escenario verde. Al crear un pasadizo tan especial, hace que embarcarse en el lugar sea algo tan grandioso como el programa de la casa. La fachada de 34 metros de largo está cubierta por una singular textura de cedro puro intermitida por un tablero de cemento y perforaciones para las ventanas. La sensación al estar dentro es la de una galería de luz, cuya iluminación puede experimentarse desde la parte trasera. La doble perspectiva del movimiento a través del cristal, tanto desde el interior como del exterior, alude, de manera divertida, al acertijo del "observado y el observador".

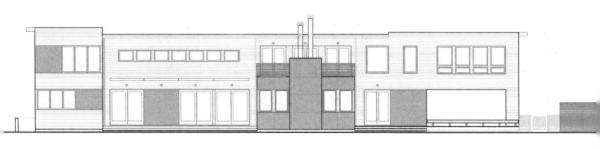

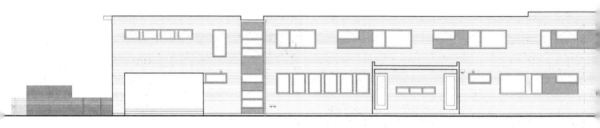

Long elevations

The safety of the children was placed as the premier imperative. Consequently, the bar constituting the mass of the house was placed parallel to the street, walling off the expansive recreational space and rear decks to the busy street. The result is a safe haven for the children to play, marked by five follies with an accompanying pool lifted above a stone plinth.

Lo primordial era la seguridad de los niños. Por consiguiente, la obstrucción que constituye la masa de la casa se colocó paralelamente a la calle, separando con un muro el extenso espacio recreativo y las terrazas traseras de la bulliciosa calle. El resultado es un refugio seguro para que jueguen los niños, marcado por cinco caprichos arquitectónicos junto con una piscina elevada sobre un plinto de piedra.

Swingline typology

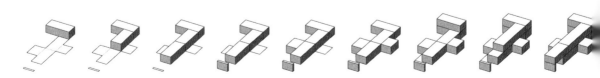

Modules of implementation: set process

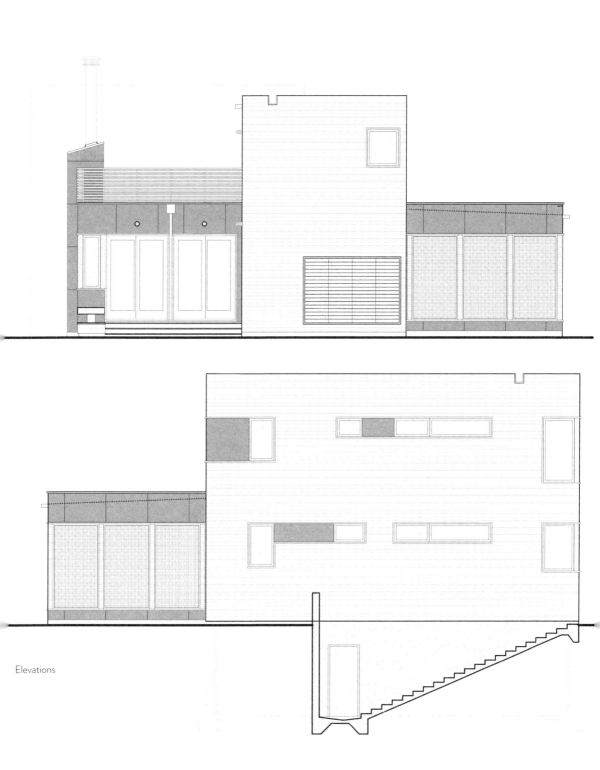

Elevations

132

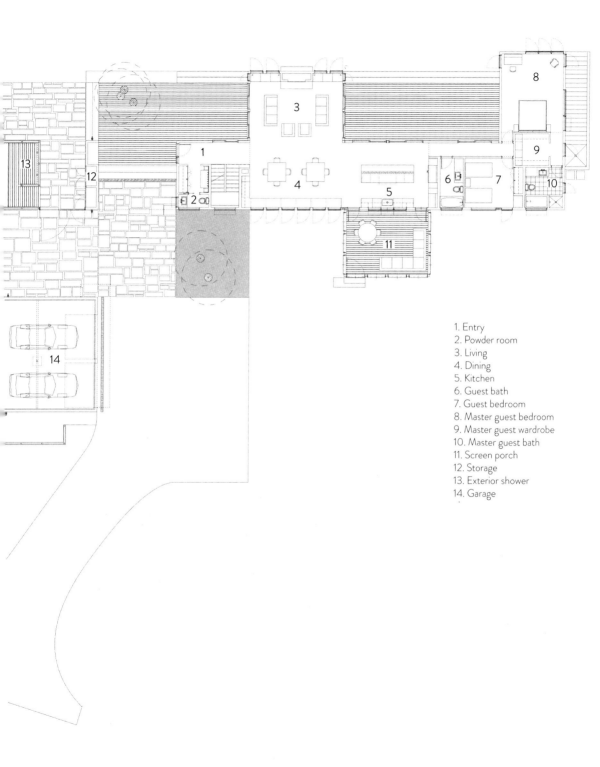

1. Entry
2. Powder room
3. Living
4. Dining
5. Kitchen
6. Guest bath
7. Guest bedroom
8. Master guest bedroom
9. Master guest wardrobe
10. Master guest bath
11. Screen porch
12. Storage
13. Exterior shower
14. Garage

1. Media room
2. Office
3. Bedroom
4. Bath
5. Bedroom
6. Bath
7. Bedroom
8. Master bedroom
9. Master wardrobe
10. Master bath
11. Roof deck

VERMONT CABIN

Architects 4 Architecture. Joseph Tanney & Robert Luntz **Photographers** RES4
Location Jamaica, Vermont, USA

The home is a 'Head & Tail' design, where the communal space is the 'head', and the private bar of bedrooms and baths forms the longer 'tail'. Together they form an 'L', creating an outdoor terrace to capture the western sun and to enjoy the exterior fireplace which is clad in cement board, and radiates heat during the cool summer evenings. Just inside, is the expansive kitchen, living, and dining areas, perfect for preparing delectable meals for their guests. This communal space is wrapped with a Baltic Birch bookshelf as window bench so one can soak up the south sun and view the fern meadow & surrounding wilderness. With bamboo floors over radiant heating, and a wood-burning fireplace, the living area is as calm as can be. The exterior is clad in a maintenance-free corrugated Cor-ten metal panel system to withstand the harsh Vermont winters. Accents of cedar siding tie the strategically placed windows together.

La vivienda es un diseño de «cara o cruz», donde la zona común es la «cara» y la sección privada que contiene los dormitorios y los baños es la «cruz». Unidas forman una «L», creando una terraza descubierta para captar el sol del oeste y disfrutar de la chimenea exterior revestida con placas de cemento que irradia calor en las frías noches de verano. En el interior se encuentran las extensas zonas de la cocina, la sala de estar y el comedor, perfectas para preparar deliciosas comidas a los invitados. Este espacio común está envuelto por un estante de abedul báltico que hace de banco, situado junto a la ventana para que uno pueda absorber el sol del sur y observar el prado de helechos y los montes de alrededor. Con suelos de bambú que cubren la calefacción por radiación y una chimenea de leña, la sala de estar no puede ser más relajante. El exterior está revestido con un sistema de paneles de acero corten corrugado que no necesita mantenimiento, para resistir los duros inviernos de Vermont. El decorativo revestimiento de cedro mantiene unidas las ventanas dispuestas de manera estratégica.

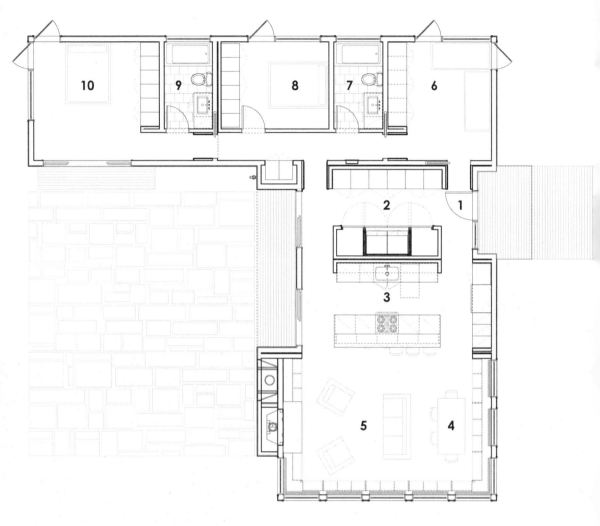

1. Entry
2. Laundry
3. Kitchen
4. Dining
5. Living
6. Media room
7. Bath
8. Bedroom
9. Master bath
10. Master bedroom

The home is powered by a 3,000 KwH solar array with a back-up generator and below grade propane tank just in case the sun is non-existent for an extended period of time. A 'Flash-and-Batt' insulation system, combining both a closed cell spray foam insulation and batt insulation, along with radiant floor heat ensures the home stays airtight and warm in the winter.

La casa se alimenta con paneles solares de 3000 kWh con un generador suplementario y un tanque de propano de bajo grado por si no hubiera sol durante un largo periodo de tiempo. El sistema de aislamiento «flash-and-batt», una combinación de aislamiento con espuma pulverizada de células cerradas y aislamiento en bloque de fibra, y la calefacción por radiación garantizan que la casa permanezca hermética y caliente en invierno.